As Compensações

Gustavo Vazquez Ramos

As Compensações

Coleção
NOVOS TALENTOS DA LITERATURA BRASILEIRA

novo século

São Paulo 2010

Produção editorial	Equipe Novo Século
Projeto gráfico e composição	S4 Editorial
Capa	Diego Cortez
Preparação de texto	Roseli Said
Revisão	Giovanna C. Ramalho

Dados Internacionais de Catalogação na Publicação (CIP)
(Câmara Brasileira do Livro, SP, Brasil)

Vazquez, Gustavo

As compensações / Gustavo Vazquez Ramos. – Osasco, SP : Novo Século Editora, 2010. – (Coleção Novos Talentos da Literatura Brasileira)

1. Contos brasileiros I. Título. II. Série

10-05531 CDD-869.93

Índices para catálogo sistemático:

1. Contos : Literatura brasileira 869.93

2010
IMPRESSO NO BRASIL
PRINTED IN BRAZIL

Rua Aurora Soares Barbosa, 405 – 2º andar
CEP 06023-010 – Osasco – SP
Tel. (11) 3699.7107 – Fax (11) 3699.7323
www.novoseculo.com.br
atendimento@novoseculo.com.br

para Marisa,
por não ficarmos parados.

"Buy me a flute
And a gun that shoots
Tailgates and substitutes
Strap yourself
To the tree with roots
You ain't goin' nowhere"

Bob Dylan

ESTRAGON: We always find something, eh, Didi, to give us the impression we exist?

VLADIMIR (*impatiently*): Yes, yes, we're magicians.

Samuel Beckett,
Waiting for Godot

Sumário

Da Capo

Aconteceu de Luís perder a mão direita em um acidente de carro. Era passageiro de seu pai. Outro veículo em uma pista transversal ultrapassou o sinal vermelho e chocou-se contra a lateral do carro. O jovem, um violinista profissional, ficou preso entre o banco e a lataria. Foi possível retirá-lo dos escombros sem agravar mais sua situação, tal que seu ombro e tórax, apesar de feridos, precisariam apenas de tempo para serem curados; sua mão, porém, estava destruída desde o momento do choque. Era seu costume deixar sempre o braço apoiado na janela.

Infelizmente, estava desperto durante todo o procedimento de salvamento, a ponto de ver o que restava de seu membro. Os dedos mínimo, anular e médio – e com eles toda a parte inferior da palma – haviam sido arrancados, e o polegar pendia graças tão somente a um fino feixe de músculos. Enquanto era levado à ambulância, lutava contra o terror em sua mente, tentando se convencer de que seu polegar poderia facilmente ser costurado de volta e que os médicos encontrariam nos escombros os três dedos perdidos. Se a operação fosse feita rapidamente, tudo voltaria a ser como era, lera certa vez sobre o tempo que membros arrancados suportavam antes de entrarem em decomposição, se os colocasse no gelo, pois se isso não for feito o pior acontecerá... Mas não continuou a pensar nisso, concentrando-se em suportar a mera dor, evitando assim reconhecer que precisaria desistir do violino.

Fazia doze anos que o estudava. Antes tentara a sorte no piano e no violão, mas apenas quando trocou para um instrumento com arco encontrou o estímulo que lhe desdobraria na imaginação um futuro desejado. Embora fosse um músico mediano, havia algo em sua mão direita que permitia suaves intenções e fortes intervenções; conseguia alternar o arco entre as quatro cordas com precisão, incliná-lo sutilmente para os lados alcançando volumes diversos para as notas, até mesmo compensar sua simplicidade na mão esquerda com a emoção a que tinha acesso graças à outra mão. Naqueles dias, ainda fazia aulas semanais com um membro da orquestra da cidade, acreditando que o aprendizado de um instrumento nunca poderia parar. Também era membro de um quarteto de violino, viola, violoncelo e flauta, que oferecia seus serviços para festas de casamentos e eventos em geral.

Durante os dias em que se recuperou no hospital, nenhum médico ou enfermeira, tampouco familiares ou amigos, teve a indelicadeza de comentar o infortúnio como algo definitivo. A preocupação era que Luís melhorasse, pois perdera bastante sangue, e seu corpo voltasse a recuperar as condições originais. Uma leve luxação em suas costelas ocasionou uma pressão excessiva nos pulmões e era difícil respirar continuamente; além disso, o impacto do acidente poderia ter causado algum trauma em seu crânio que, não tratado, poderia levar futuramente a sérios problemas neurológicos.

No quadro clínico, como era de se esperar, aquilo do qual dependia sua vida tomou a primazia, mas para o jovem a morte ou possíveis sequelas não eram preocupantes. A mão, era evidente no silêncio alheio quando o jovem lançava questões, estava definitivamente perdida. E as esperanças pouco duraram: mesmo no primeiro dia, quando os médicos deixaram--no sozinho no quarto, dando por encerradas as operações, era evidente que ninguém havia recolhido seus três dedos dos escombros e guardado em uma caixa de gelo. Esses dedos haviam deixado de existir. Para adicionar ao mal, seu polegar – ou o que restava dele – foi rapidamente amputado, a primeira decisão tomada pelo cirurgião-chefe. Anestesiado, Luís estava inconsciente no momento que isso ocorreu. Mas quando acordou e levantou o braço, vendo que embaixo das faixas que atavam sua mão só podia haver parte da palma, o indicador e nada mais, pôs-se a chorar. Para quem desejava a mão completa, a perda do polegar apresentou-se como assustadora, pois não só precisaria deixar a música de lado como sequer teria como escrever novamente. Nas alucinações causadas pelo cansaço, dor e anestesias, ficava a imaginar seu polegar esquerdo sendo transplantado para a mão direita. Chegou a desesperar-se para encontrar o interruptor da luz no desejo de verificar como ficaria um dedo na mão contrária, até lembrar que, se essa ideia se tornasse real, embora recuperasse o suporte do arco, não teria como sustentar o braço do violino. Precisava de ambos os dedos.

Quando um de seus irmãos veio lhe visitar, trouxe consigo um *walkman*. Sem intenção de machucar, havia trazido os CDs favoritos de Luís. Um deles era as *Sonatas e Partitas* de Bach para violino solo. Inicialmente, ouvir as melodias fez o jovem espantar-se com toda aquela estrutura corporal educada para ações não naturais que ele mesmo, durante anos, buscou educar e aprimorar. Aquele artefato musical, inventado e construído com especificações tão próprias (necessita de cuidados especiais, cordas e tarraxas exatas, um arco feito de caudas de cavalos tratadas de uma maneira específica), cujo som era gravado em um estúdio com inúmeros equipamentos, transmitia ao ouvinte apenas uma frase simples, em um mesmo timbre, nota após nota; e na simplicidade dessas notas havia algo tão profundo e complexo que superava qualquer detalhe da construção de um violino ou mesmo das habilidades do violinista. Antes de dormir, chegou à conclusão de que jamais ouviria aquele CD novamente.

As simples operações que precisava exercer com apenas uma mão demonstraram-se bastante difíceis. Escovar os dentes, ensaboar-se, segurar a colher para comer – muitas vezes chegava a derrubar o que segurava ou a bater com a escova e colher nos dentes por falta de controle. Até mesmo algo trivial como folhear uma revista mostrou-se um desafio. Havia uma fisioterapeuta que o auxiliava, e durante a primeira semana após a operação, Luís passava várias horas do dia buscando acostumar-se à habilidade que lhe restara. Quando os médicos consideraram que o paciente estava suficientemente recuperado, decidiram conversar com ele a respeito de sua mão. Não expuseram o problema diretamente, dizendo, por exemplo, o nome de cada osso que havia sido triturado ou mesmo arrancado; era o que Luís esperava. Falaram superficialmente sobre a situação, até contarem que era possível colocar próteses para substituir os dedos perdidos. Diziam que as próteses atuais permitiam movimentos realistas e, usando luvas especiais, era possível esconder o mecanismo e enganar qualquer pessoa.

Quanto à escrita, não era preciso se preocupar, garantiram; como o indicador estava salvo, com poucos meses de uso da prótese estaria escrevendo como sempre escreveu. Quando o jovem perguntou se também em poucos meses estaria tocando violino como antes, não souberam responder; nenhum deles era músico e não sabiam das sutilezas da profissão, disseram. Luís então perguntou se, caso um deles passasse por uma situação semelhante, poderia continuar fazendo cirurgias. Responderam que não.

Tendo uma solução concreta, passou a discutir com seus pais a possibilidade de adquirir a melhor prótese, indiferente ao custo; esqueçam pagar uma faculdade, um carro para mim, preciso acreditar que alguma tecnologia possa salvar minha carreira. Os pais aquiesceram. As informações que recebeu nos dias seguintes, se não muito animadoras, também não criavam grandes problemas: era necessário que ele voltasse para a casa e levasse sua vida com parte da mão decepada por alguns meses, pois levaria tempo até as próteses serem adquiridas. Espero que marquem uma data para a implantação logo, Luís pensava, tendo uma data a espera é mais fácil.

A volta à rotina foi menos árdua do que esperava. Sabiamente seus pais haviam escondido seu violino e o músico decidiu não perguntar. Sua primeira ação foi enviar e-mails para seus amigos, e sentiu-se até contente por ver que conseguia escrever rapidamente usando os três primeiros dedos da mão esquerda, aqueles que sempre usou, e o indicador da direita; começou a tentar se educar a usar o anular esquerdo também, o que facilitaria a digitação. As refeições exigiam um pouco mais de esforço. Não havia percebido que, no hospital, sempre havia apenas uma colher que era facilmente manejada com a mão esquerda; foi em casa que encontrou uma situação inesperada. Até então usava a esquerda para segurar o garfo e a direita para a faca. Inicialmente, tentou segurar a faca entre o indicador e a parte da palma que iniciava o polegar. Porém, não possuía força suficiente para cortar os alimentos e em todas as tentativas a faca acabava caindo no prato. Chorar foi inevitável. Os parentes tentavam consolá-lo, trouxeram uma colher, mas o jovem sabia que precisava encarar suas limitações como desafios e experimentou segurar o garfo com a esquerda, o que trouxe certo sucesso. Ainda se atrapalhava um pouco, mas dessa maneira pelo menos era possível comer sem a ajuda de ninguém.

O mais difícil foi certamente reencontrar-se com os amigos músicos. O grupo seguia as atividades sem ele e, quando viram que Luís não voltaria a tocar tão cedo, disseram que procurariam um pianista para substituí-lo, evitando assim magoá-lo ainda mais. Era como se deixassem uma vaga em aberto indefinidamente, quem sabe um dia pudesse pelo menos tocar as músicas mais simples do repertório. Sem poder se alegrar com seu instrumento, decidiu se concentrar nos estudos para o vestibular daquele ano. Embora isso fosse afastá-lo um pouco da música, havia decidido fazer o curso de graduação em História. Matriculou-se em um curso preparatório e passou a usar uma luva especial que era preenchida por pedaços de madeira que imitavam os dedos. Era dotada de um mecanismo simples: quando o indicador dobrava, os três dedos seguintes também o faziam. A ilusão que criava era tênue e não havia de fato como mascarar o problema a alguém que prestasse um pouco de atenção; porém permitia-o escrever. O polegar falso, em especial, era conectado a uma barra de ferro que, atada à palma da mão, permitia-lhe segurar uma caneta propriamente. Infelizmente não só as letras ficavam difíceis de ler, como, em pouco tempo, Luís sentia a palma da mão doendo pelo esforço. Quando deixava o curso, colocava uma luva igual na mão esquerda; as pessoas que cruzavam com ele na rua estranhavam, mas era bom saber que elas não poderiam de fato saber que naquele homem faltava uma parte.

O dia em que recebeu a notícia de que havia uma data marcada para a implantação dos dedos mecânicos foi de extrema alegria. Passou a noite e o início da madrugada contando aliviado aos pais cada dificuldade que havia enfrentado desde o acidente de carro. Era algo que definitivamente acabaria. Pela primeira vez contou sobre o que sentia estando aleijado: era como passar cada instante correndo atrás do resto do mundo. Coisas que as outras pessoas levavam segundos para realizar e faziam automaticamente, Luís precisava gastar considerável tempo forçando sua mente a ter controle em uma só mão daquilo que antes dividia em duas. Já que nunca mais teria sua mão de volta, pelo menos receberia uma substituição que lhe permitisse sentir-se novamente capaz.

A operação foi tranquila. Quando viu sua mão mecânica pela primeira vez, sentiu uma espécie de poder; dobrou e desdobrou os dedos de metal, segurou objetos leves, chegou a tocar partes do seu corpo com a prótese; não eram apenas os dedos que havia perdido no acidente, mas também a sensibilidade do restante do corpo em receber o toque desses dedos. O fato de a prótese não ser dotada de sensibilidade passou-lhe despercebido naquele momento; embora a infelicidade de perder parte da mão nunca pudesse ser compensada, sentia-se de fato feliz pela primeira vez em meses. Seu gesto preferido passou a ser apertar várias vezes a mão de todos ao seu redor, de seus parentes e amigos, segurando firme, com intenção. Algo tão simples, um aperto de mão, que havia perdido e agora reencontrava.

De volta a sua casa, a primeira coisa que fez foi pedir aos pais o violino. Eles buscaram o estojo que haviam escondido no armário do quarto de casal e o entregaram receosos. Mas o jovem sentia que precisava testar a eficiência daquela prótese o mais cedo possível. Retirou o instrumento do estojo lentamente, afinou-o usando somente o indicador direito para tocar as cordas, apoiou o violino no ombro e buscou o arco. Testou a maneabilidade da mão; parecia-lhe boa. No início não houve problemas, tocando uma nota, depois outra. De fato, todo o movimento de punho manteve-se, de forma que composições mais simples pareciam estar novamente ao seu alcance. Não querendo exagerar, guardou o instrumento sentindo-se feliz; contou aos seus pais e irmãos, todos compartilharam sua alegria. Mas estava ainda incerto sobre contar aos seus amigos músicos; precisava testar outros movimentos da mão.

Aconteceu de não pegar o violino por uma semana inteira. Dizia que precisava dar um passo por vez – após dois meses e meio parado, se voltasse a tocar diariamente como antes, poderia causar algum problema. Mas, no fundo, havia algo mais, uma desconfiança. Era inegável que algo diferente ocorria: os dedos eram um pouco brutos, o tempo de reação era milésimos de segundo mais lento, sem contar que todas as sutilezas que era capaz de fazer quando ainda possuía os últimos três dedos, embora não as tivesse testado, provavelmente não poderiam mais ser realizadas. As ideias em sua cabeça sobre seu futuro permaneciam ainda muito vagas. Quando se pôs a estudar as matérias do vestibular com afinco ainda maior do que possuía antes de receber a prótese, não associou isso a nada, exceto que as provas do vestibular estavam próximas. E, mesmo quando retomou os estudos musicais, concentrava-se em exercícios específicos para a mão esquerda, dizendo que, tendo ficado parada todo aquele tempo, havia perdido uma parte considerável de sua flexibilidade.

Durante esse tempo seu pai havia entrado com um processo contra o motorista que havia atingido seu carro e aleijado seu filho. Era um homem de posses, o que aliviava os males; se fosse alguém pobre, jamais pagaria pelo mal que causou. O advogado da família abriu uma ação exigindo um alto valor pelo acidente, o equivalente ao salário que Luís receberia como músico pela sua vida inteira.

Apesar da intenção disso ser apenas retirar o máximo do péssimo motorista, compensando assim o sofrimento da família, o músico não conseguia evitar sentir algo de premonitório naquilo tudo. Até então, tudo havia se provado o contrário, e um dia foi particularmente especial: chamou seus amigos músicos a sua casa e tocou várias das peças que compunham o repertório. Embora faltasse certa cor que antes existia, as músicas estavam sendo tocadas de forma correta. Talvez corretamente demais, Luís desconfiava. Pediram para ele não ter pressa, pois, como o grupo era agora um quinteto, muitas partes que antes Luís tocava seriam então tocadas pelo pianista. Isso trouxe-lhe um sabor agridoce, como uma grande realização que acaba se mostrando parcial. Voltaram a ensaiar como antes e, em poucas semanas, já estavam novamente realizando eventos juntos.

Luís sempre considerou baixa a dificuldade das músicas que tocava em casamentos e aniversários. As composições que via como sendo grandes exigiam muito mais esforço e habilidade. Porém, essa distância havia se transformado em um abismo agora que o músico via-se com aquela prótese. Olhando as partituras que havia interpretado aos seus amigos, constatou que não havia uma ali que fosse difícil; de fato, aquelas que mesmo antes do acidente não era capaz de executar adequadamente, tão grande era a dificuldade imposta, ainda estavam guardadas. Retirou-as da gaveta sentindo calafrios na espinha, mas nem abriu os cadernos; deixou-os sobre a cama e saiu de casa, esperando acalmar-se. Passeou pela cidade; agora usava uma luva que imitava à perfeição uma mão real e ninguém que cruzava com ele nem sequer desviava os olhos. Entrou em uma livraria, comprou alguns livros e revistas, passou por uma lanchonete e chegou a assistir a um filme para aumentar o tempo que o distanciava do confronto entre ele e sua fatalidade. Voltou para casa à noite, pensando que logo seria hora de dormir, amanhã se preocuparia com as sonatas de Mozart; mas, deitado na cama, não conseguia desviar os pensamentos. Foi uma noite longa.

De manhã, foi ao curso, e após o almoço fez os exercícios do dia. Passou um tempo no computador até não resistir mais e abrir as partituras. Ao colocar os olhos sobre aquelas notações, pareceu que estavam escritas em outra língua; eram incompreensíveis. Escolheu uma passagem em especial, apenas oito notas, e tentou tocá-las. Franzia o cenho, como se isso pudesse fazer o cérebro transmitir mensagens mais rapidamente aos dedos mecânicos, mas era em vão; seu dedo anular, em particular, parecia não existir, tão demoradas eram suas reações. Guardou o instrumento e sentou-se na beira da cama, sentindo-se muito triste e desconsolado. Eis o seu limite: até então, teoricamente, poderia alcançar a mais alta técnica que o violino permitisse, enquanto agora estava limitado a músicas populares. Os grandes compositores, que sempre existiram como em uma espécie de montanha distante, estavam agora inacessíveis, não por sua maestria, mas pelo simples fato de que eles e seus intérpretes possuíam todos os dedos da mão. Pensou em seu CD com as *Sonatas e Partitas* de Bach; fazia tempo que não o via. Revirou seu quarto procurando-o – era até possível que o tivesse esquecido no hospital. Havia decidido não tocá-lo mais; alegrava-se por tê-lo perdido. Agora não o ouviria nem se quisesse.

A raiva não o dominou imediatamente. Com o tempo percebeu que ter encontrado seu limite retirava o prazer das coisas que antes amava. Fazer exercícios era mais uma punição do que degraus de uma enorme escada que subia. Continuou tocando com seus amigos, embora ao ouvir o pianista tocar cada uma das notas que antes eram suas, sentia-se arrancado de algo, como se além dos dedos algo mais houvesse ficado nos escombros do carro. E mesmo os estudos para o vestibular haviam perdido a qualidade. Às vezes, Luís se encontrava tão melancólico. Ouvir que as próteses com o passar do tempo naturalmente perderiam certa mobilidade, de forma que seria necessário trocá-las caso se tornasse impossível tocar com elas, não foi o que o quebrou; o pior foi saber pelo seu pai que o responsável pela sua tragédia havia sido absolvido, pois não fora encontrada uma testemunha que assegurasse que o semáforo que ele atravessou estava de fato vermelho; poderia ter sido muito bem o pai de Luís quem se adiantou e acelerou segundos antes da luz verde acender. O músico não estava de fato buscando vingança, mas a ideia de que alguma compensação, embora simbólica, pudesse ser feita, apaziguava-lhe a alma. Passar de vítimas para possíveis culpados era um fardo por demais injusto.

A desolação tenta escapar pelos meios mais árduos. Uma tarde, Luís trancou-se em seu quarto, seguro de que só sairia dali após tocar pelo menos uma das notas que até então não havia conseguido. Foram horas tentando de partitura em partitura; ocasionalmente algo um pouco mais requintado surgia, para logo se perceber que, mesmo sendo possível tocar uma ou outra nota isoladamente, não conseguia tocá-las dentro da música. Desistiu, ainda mantendo sua integridade emocional; decidiu ouvir em seu rádio as mesmas melodias que não conseguia mais dominar. Isso, no fim, não trouxe alívio, mas agravou ainda mais sua condição; era como se alguém lhe chicoteasse feridas já existentes. E como não poderia deixar de ser, desistiu das músicas que tanto amava e colocou no CD *player* uma coletânea com as músicas mais simples que tocava em festas, aquelas cujas execuções eram tão simples que, mesmo quando interpretadas com uma mão artificial, soavam da mesma forma que com uma mão natural. Cada nota apenas aumentava o seu ódio, mas permaneceu acumulando-o até explodir: lançou a mão contra a parede em um soco.

A dor foi tanta que soltou um grito aterrador, como um animal que uivasse. Caiu desfalecido no chão, o mecanismo das próteses destruído, partes do metal encravadas em nervos e músculos, apenas o dedo mínimo metálico ainda recebia algum comando do cérebro. Ainda podia o dobrar e desdobrar, o que nem sequer era capaz de fazer com o indicador natural, tendo sido o dedo que mais recebeu o impacto. Seus parentes precisaram forçar a porta do quarto, pois havia sido trancada; vendo a marca na parede, o estado da mão de Luís e as partituras e CDs espalhados por todos os lados, foi fácil deduzir o ocorrido.

De volta ao hospital, a apreensão da espera acabou inevitavelmente sendo maior do que da primeira vez; desconfiando de uma perturbação mental, o que não é atípico em pessoas que tiveram membros amputados, os médicos decidiram medicá-lo com remédios psicotrópicos. Embora fossem leves, impediam-no de controlar totalmente sua vontade tal que, quando alguém deixava a televisão ligada em um canal qualquer, era capaz de passar uma hora olhando para a tela até perceber que não estava prestando sequer atenção ao programa. Exames mais detalhados de condição mental ainda seriam feitos.

Quanto aos resultados do golpe, seu indicador havia sido deslocado e precisaria ser mantido em uma tala por duas semanas. Para adicionar à miséria, o metal que perfurou a parte interna de sua mão causou-lhe uma perda ainda maior de movimentos, além de obrigar os médicos a cortarem uma pequena parte da mão e cauterizá-la, para evitar infecções que poderiam causar a perda de todo o membro. Os médicos confessavam incertos quanto a colocar novamente próteses, pois com o novo dano ao tecido muscular talvez não fosse mais possível implantar o mesmo mecanismo. Isso foi dito diretamente ao paciente, sem meias-palavras; saber que fora seu próprio descontrole que causara tal situação parecia essencial para que ele não repetisse atos tolos. Seus pais, que até então haviam sido bastante prestativos, também o reprimiram. O jovem sentia-se incompreendido: eles pensam que é fácil para mim aceitar essa situação, que devo sorrir apenas por estar vivo.

Por alguns meses, Luís resignou-se ao seu estado, sem interesse em colocar novas próteses para substituir os dedos perdidos. Voltou a usar a luva com os dedos de madeira, que precisou ser ajustada para completar a nova parte da mão que havia sido perdida. A luva preta no lugar daquela que tão bem imitava uma mão real foi notada por todos que o conheciam; o músico, porém, via-se resignado, tal que nem sequer usava a luva esquerda para criar um disfarce. Não queria esconder mais seu estado. Da mesma forma, recusou-se a guardar o violino; passou a tocá-lo segurando o arco de maneira similar a como segurava uma caneta para escrever, amarrando-o entre o indicador e o polegar falso.

Essas pequenas atitudes foram tomadas pelos médicos como determinantes, pois para eles a aceitação do problema era fundamental para um permanente equilíbrio mental do paciente. Após uma última consulta com um psiquiatra, foi decidido interromper sua medicação. Mas, conforme os efeitos remanescentes dos remédios passavam, Luís viu-se tomado por um desejo que até então havia se mantido encoberto: seus pensamentos alimentavam ódio pelo homem que causou sua incapacitação. Em um estado de animosidade crescente, via-se confabulando ações após cada instante em que suas limitações tornavam-se um visível empecilho. Chegou a perguntar algumas vezes ao seu pai sobre esse homem, mas ele se manteve inabalável na necessidade de proteger o filho de si mesmo. De fato, desde o primeiro dia após o acidente, declarou que nem a mais simples informação seria transmitida ao seu filho sobre essa pessoa. Luís queria que o culpado conhecesse as sequelas provocadas pela sua irresponsabilidade, que havia dado um fim a uma carreira que mal tinha começado. De uma maneira quase teatral, o músico desejava forçá-lo a ter diante de seus olhos aquela mão destruída, exigindo o reconhecimento da culpa. Pensava em meios de realizar isso, procurando pela casa por documentos que entregassem o nome do réu. Porém, a precaução de seu pai foi recompensada, pois nem o mais simples papel havia permanecido ali. Luís até mesmo pesquisou os jornais publicados um dia após o acidente, na esperança de haver alguma matéria. Mas nada encontrou. Acidentes de trânsito sem morte tornaram-se corriqueiros e a perda de quatro dedos da mão direita por um violinista de casamentos não seria noticiada.

Seu grupo musical recebeu-o de braços abertos após sua saída do hospital, como era evidente que sempre faria. Sendo bons amigos, queriam acima de tudo a melhora tanto física quanto mental de Luís; acreditavam que mantê-lo tocando a música que tanto amava era a melhor terapia. Na prática, porém, foi preciso mais paciência do que se esperava. Se antes a qualidade do controle do arco pelo jovem músico já havia reduzido consideravelmente, a nova maneira de segurar o arco, sem a prótese mecânica, arrastou suas habilidades ainda mais para baixo. Dependia agora apenas dos movimentos do punho. Sua tocada estava dura e sem vida e, embora todos fingissem o melhor que podiam que nada de errado estava acontecendo, era evidente que as performances do grupo como um todo eram afetadas pela limitação adicional que atingiu Luís. Certamente era o próprio músico o mais atingido; a difícil recordação daquilo que ele era capaz de fazer no passado era inevitável e causava-lhe muita dor. Mas nem por isso desistiu das músicas.

A noite em que tocou pela primeira vez em público após o segundo acidente foi, contra suas expectativas, bastante comovente. Concentrado como sempre ao tocar o violino, mantendo os olhos fechados ou fixos no braço do instrumento, não percebeu que, com a notícia de que aquele músico era aleijado sendo divulgada, a maior parte dos ouvintes o observava atentamente. A luva, a corda que unia o arco à mão e, principalmente, a imobilidade de quase todos os dedos eram declarações abertas do problema, embora a extensão dele não fosse clara; muitas pessoas da plateia ficaram ainda mais admiradas por aquela performance ao pensarem que o violinista era um maneta de fato. Os aplausos foram notáveis, mas apenas quando alguém se aproximou para cumprimentá-lo foi que Luís percebeu a comoção que havia causado. Seus amigos o olhavam alegres e pelo menos naquela noite ele dormiu com o espírito elevado.

As provas do vestibular vieram e passaram, e o músico conseguiu sua admissão na universidade. A família inteira viajou de férias, divertindo-se em um hotel fazenda por uma semana. Luís deu-se conta que, pelo menos no aspecto romântico, sua mão não lhe causava debilidade alguma; as garotas que conhecia inicialmente espantavam-se, para logo admirarem-se com a obstinação do jovem em continuar tocando, apesar de todas as dificuldades. Esse sentimento de compaixão e exacerbação que começava cada vez mais a ser demonstrado pelas pessoas ao seu redor era tomado com muita parcimônia pelo músico, pois para ele aquilo que lhe tomava os pensamentos não era superar obstáculos, mas aceitar o surgimento de obstáculos insuperáveis. Em momentos de plena razão, sabia que tocar nunca havia sido uma escolha, mas um caminho que precisava seguir; o difícil não era tocar sem os dedos, mas não executar aquilo que sua deficiência impedia.

Nos meses que precederam o início das aulas na universidade, o pai de Luís tomou conhecimento de um novo produto que estava sendo introduzido no mercado. Era uma prótese de mão que, de acordo com os fabricantes, era indiscernível de uma mão real. O produto, que era similar a algumas invenções estrangeiras, era fruto de pesquisa de um laboratório nacional e prometia superar todos os similares criados até então. O pai do músico chegou a viajar para outra cidade com a intenção de ver em uma feira a apresentação dessa prótese, ficando maravilhado com as demonstrações. Um homem que perdera a mão recentemente e havia adquirido a prótese há menos de um mês subiu ao palco. Ele foi, de fato, capaz de convencer a todos que não havia o que não pudesse realizar com aquela prótese: fez truques com cartas, datilografou textos com uma velocidade considerável e, embora não fosse um músico profissional, conseguiu reproduzir com clareza em um teclado, peças que estavam acima daquelas para iniciantes. Após essas apresentações, colocou uma luva especial em volta da prótese, tornando o efeito daquele aparelho ainda mais incrível. A própria luva havia sido projetada com afinco, tal que cada dobra e unha eram idênticas às da outra mão. O pai de Luís, embora também fosse vítima, carregava certa parcela da culpa pelo acidente envolvendo seu filho, e por isso decidiu que aquele aparelho deveria ser comprado a qualquer custo.

Dois eventos completamente inesperados, mas fatídicos, apresentaram-se de uma só vez. Primeiro, a empresa oferecia o produto a um preço irrisório caso fosse comprado dentro de um prazo exíguo. Querendo apresentar o produto ao mercado, ofereceram duas semanas para que os clientes interessados o adquirissem a um preço quase dez vezes menor que o valor usual, o qual estaria acima das possibilidades econômicas do pai do músico. Isso criava certo empecilho, pois o ideal era que Luís tivesse um tempo mais longo para decidir sobre a implantação de outra mão mecânica; havia sido firme ao dizer, após o segundo acidente, que preferia não usar outra. Obrigá-lo a utilizar uma, mesmo sendo capaz de proporcionar maravilhas, seria um ato ruim.

Segundo, para agravar ainda mais o problema, a prótese só poderia ser implantada em sua totalidade, isto é, a mão inteira. Seu sistema era tão complexo que seria impossível, dada a tecnologia existente, colocá-lo dentro de um dedo; toda a palma da mão era, embaixo das camadas de látex, um verdadeiro microcomputador. Assim, seria preciso que Luís sacrificasse o que lhe restava da mão – o indicador e a parte restante da palma – se quisesse receber a nova prótese.

Voltou de sua viagem incapaz de resolver sua indecisão. Conversou com sua esposa em particular, depois com seus outros filhos, e todos eles acreditavam que era melhor perder um pedaço praticamente inútil da mão do que continuar como um aleijado, vendo os sonhos desfazerem-se como impossíveis. O pai ainda levou alguns dias considerando as possibilidades antes de perguntar a Luís sua opinião. Esforçava-se para imaginar-se em uma situação igual, mas precisou aceitar que jamais saberia exatamente o que se passava na alma de seu filho.

Quando explicou o melhor que pôde sobre a prótese, o que havia visto e precisaria ser feito, o tempo que possuíam para escolher, tentou parecer o mais neutro possível, para evitar assim que seu entusiasmo contagiasse Luís de alguma maneira. Mas apenas o fato de ele falar para o filho aquelas coisas e ter viajado quilômetros para conhecer o aparato, entregavam seu desejo de que o filho concordasse com sua opinião. Assim, quando Luís isolou-se em seu quarto para considerar o assunto, precisou enfrentar aquilo que seus instintos defendiam contra a intenção de sua família. O interesse de pessoas que só lhe queriam o melhor era algo difícil de vencer; a família estava inegavelmente bem-intencionada. E, mesmo com a promoção oferecida, o artefato não era barato, deixando mais claro os sacrifícios que seus parentes eram capazes de fazer para que o músico voltasse a ter uma vida normal.

Dois dias se passaram e via-se tão confuso quanto antes. Conversou com seus amigos músicos e todos o incentivaram a amputar o restante da mão; mesmo os parentes e amigos mais afastados com quem falou deram-lhe o aval. Voltando de um desses encontros, estacionou o carro a poucas quadras de sua casa, ligou a luz interna e pôs-se a apreciar sua ferida mão direita. Havia a promessa de que seus desejos poderiam tomar seu curso original, abriria as partituras das melodias mais fabulosas já criadas pela mente humana e novamente poderia deslizar aquelas notas pelos seus dedos. Passou a mão esquerda pelas cicatrizes que ficaram onde antes iniciavam seus dedos, pela pele dura na borda da pequena palma que restou, dobrou o indicador e soltou-o – era o único movimento que podia fazer agora, dobrar e desdobrar um único dedo. Com ele ainda podia digitar, apontar; adicionando uma luva com enchimentos de madeira e um mecanismo simples podia escrever, segurar objetos leves, até mesmo o arco de seu violino de maneira bruta. As pessoas não o rejeitavam por aquilo. Pensou na admiração que passaram a sentir por ele, um músico aleijado, e que se antes do acidente tocasse aquelas mesmas melodias que conseguia hoje, não haveria um para cumprimentá-lo ou que sentisse admiração. Mas, acima de tudo isso, algo mais horrível pairava: havia perdido parte da mão por culpa de outrem; algo completamente diferente era ele mesmo decidir por amputar o que restou. Havia algo de perturbador naquilo, uma espécie de perversidade. Destruiria por vontade o seu corpo, algo que jamais recuperaria, para substituir por um mecanismo produzido em uma fábrica que em um, dois anos seria superado por algo mais moderno, mais eficiente, mais próximo ao real – mas nunca igual. Permaneceu observando sua mão por um longo tempo, chegando a pousá-la em sua face para sentir aquela palma, aquele dedo que a sorte lhe permitiu manter e, sendo Luís incapaz de dizer não às suas esperanças e às de todos ao seu redor, muito em breve precisariam ser destruídos.

Com uma habilidade que depois cobraria seu preço, o jovem manteve sua mente vazia durante as semanas de espera, ignorando a questão por completo. Mesmo quando sentou-se à frente de seus pais e irmãos e disse, decidido, que amputaria sua mão direita para receber a nova prótese, era como se as palavras saíssem diretamente de sua boca, sem terem passado um instante sequer pelos seus pensamentos. Foi ao cinema, encontrou-se com amigos, evitou ao máximo qualquer atividade que precisasse utilizar a mão que logo substituiria por um mecanismo, não escrevendo ou tocando por um instante sequer. Tentava, de certa maneira, deixar aquela parte de seu corpo o mais distante possível de sua percepção. Já era hábil o bastante com a mão esquerda para fazer a maioria das ações necessárias como se sequer existisse a mão oposta.

Um dia antes da operação, estava com a alma tão vazia pelo esforço da aceitação que agia quase que automaticamente. Respondia às perguntas alheias sem demonstrar interesse e em nenhum momento pensou no futuro brilhante que estava sendo prometido ou nos meses passados em que precisou batalhar diariamente contra sua disfuncionalidade. Ao deitar-se, oprimiu a possibilidade de passar a noite em claro, pois desconfiava que, à menor fraqueza da guarda, se arrependeria de sua decisão. Lutou contra seus pensamentos o melhor que pôde, mas não demorou em se afogar em prantos, segurando sua mão direita como se segurasse um ser vivo que amasse muito. Quando olhava para ela, para os movimentos limitados que era capaz de fazer, acabava sorrindo por entre as lágrimas, a felicidade que foi possuir, por tantos anos aquela mão, mesmo que agora tão deformada.

A operação transcorreu normalmente. Luís esperava que, ao se ver na mesa de operações, algo em si fosse explodir e que fugiria daquilo com todas as suas forças. Mas o medo que sentiu ao deitar-se era mais forte do que qualquer arrependimento. Além disso, contava com seus parentes ao redor, dando-lhe apoio. Em poucos minutos foi sedado e, conforme perdia a consciência, dava-se conta de que aquele passo não voltaria jamais – mas a mente já estava longe, como se pertencesse a um outro mundo, no qual aquele acidente não houvesse ocorrido, e a história de sua vida fosse um branco completo, um mundo ao qual pertencia somente ele, um brilho de luz no vazio...

Ao despertar, sentiu-se tomado por tubos e agulhas que invadiam seu corpo; incapaz de racionalizar onde estava ou o que havia acontecido consigo, arrancou sua máscara de oxigênio, as fitas adesivas que prendiam tubos a seus braços e continuou agitando-se e sussurrando palavras incompreensíveis até as enfermeiras notarem-no, atarem seus braços ao longo da cama e aplicarem mais sedativo nos tubos. Perdeu a consciência.

Quando acordou pela segunda vez, era noite. Abriu os olhos e ateve-se à escuridão ao seu redor, buscando entender sua situação. Sentiu os punhos presos, mas não tentou se soltar; compreendeu que estava na cama do hospital, com tubos fincados em seu corpo e uma máscara de oxigênio em sua face. Tentou virar a cabeça para o lado, espantando-se por conseguir: perscrutou a escuridão por alguns minutos até dar-se conta de que alguém dormia no sofá ao lado. Manteve-se atento ao ato de inspirar e expirar, acalmando-se, esperando voltar a dormir; começava a se perder em sonhos quando, com um sobressalto, reconheceu que a prótese já devia ter sido implantada. A curiosidade tirou o seu sono. Como estava coberto por um lençol, não conseguia ver a sua nova mão. Durante vários minutos tentou movê-la sem sucesso e, embora sentisse algo estranho, novo, não podia ter certeza se existia algo diverso em seu corpo, se havia de fato uma nova mão. O cansaço enfim o fez dormir.

Na terceira vez que abriu os olhos, estava livre das máquinas de suporte, sem nada o atendo à cama. Seus pais estavam sentados no sofá ao lado e, assim que o notaram desperto, puseram-se a falar com ele. Devido à entorpecência, Luís levou alguns instantes para compreender as palavras, e outros mais para ele mesmo conseguir articular suas questões. A operação havia sido um sucesso. O músico levantou a mão diante dos olhos e lá estava: uma mão mecânica. Teve a intenção de movê-la e quão espantado ficou quando o artefato começou a trabalhar e seus dedos dobraram-se. Apalpou-a com a outra mão; o metal era firme e reluzia. Quando o apertou, nada sentiu; pressionava-o aplicando um pouco de força, mas não havia dor, tampouco qualquer flexibilidade: parecia estar apertando algo alheio a si. Seus pais estavam emocionados.

Logo surgiram os técnicos da empresa que fabricava a prótese. Durante um dia inteiro davam comandos a Luís: dobre somente tal dedo, abra a mão o máximo que puder, encoste o polegar na palma. Todos os testes foram bem-sucedidos. A velocidade de reação era realista; de fato, se aquele mecanismo fosse escondido sob uma luva, ninguém desconfiaria de sua existência. A mão tampouco reagia mais lentamente do que a natural. Um dos testes pedidos pelos técnicos era estender as duas mãos para frente e abri-las e fechá-las ao mesmo tempo: os movimentos aconteciam simultaneamente. Mas Luís ainda sentia que algo estranho havia sido unido ao seu corpo. É notório que os movimentos de qualquer parte do corpo não se originam na parte em si, mas no cérebro; e que as transmissões de comando acontecem tão rapidamente que há a impressão de que a vontade originou-se no próprio lugar movido. Sendo assim, sua mão direita recebia e reagia a informações enviadas por um cérebro que fazia parte do mesmo corpo, ambos trabalhavam holisticamente, dentro de um sistema natural hermético; a prótese parecia um terminal externo, conectada por meios de cabos a inúmeros terminais nervosos.

Aquela ideia, de mover a mão, em algum momento deixava de ser um comando neurológico natural para se tornar dados computacionais, como se uma intenção pudesse ser codificada em sequências binárias para completar sua função.

Tudo estava bem: a vida de Luís parecia estar continuando do instante exato antes do acidente, como se nada houvesse ocorrido. Ao usar uma luva especial, as duas mãos pareciam reflexo uma da outra, o que acabou com a sensação de inferioridade que sentia quando estava aleijado. Não havia mais dificuldade alguma em se alimentar ou escrever, e muitas vezes, para entreter os outros, fazia truques simples que, em outras ocasiões, ninguém se interessaria, como girar um lápis entre os dedos ou brincar com um ioiô. Quando voltou a pegar o violino e tocou aquelas músicas tão sutis e exigentes! O instrumento parecia voltar à vida, contrastando com a dureza e simplicidade que era o máximo que Luís conseguia retirar dele quando usava sua luva com enchimentos de madeira ou mesmo as próteses dos dedos. Pelo tempo parado, era inevitável algum retrocesso em suas habilidades, mas bastaram algumas semanas para recuperá-las.

Nos eventos em que tocava não mais recebia congratulações do público, sendo tratado como um músico contratado qualquer, mesmo quando retirava do violino as maiores nuances. Mas isso não lhe importava; aprendeu que o importante era aquilo que fazia para si, a beleza que, às vezes, somente ele podia enxergar.

O mundo à sua volta parecia ter voltado ao normal. De seus parentes havia sido retirado um peso que carregaram por meses; os amigos músicos consideravam reformar o grupo sem o pianista, para não serem lesados em eventos em que não fosse possível levar o piano. O restante de seus amigos alegrava-se por não precisar mais ter a desagradável sensação de pena por alguém de quem gostavam. Mesmo o responsável pelo acidente foi esquecido. Mas algo em Luís ainda estava faltando: quando apertava a mão de alguém, gesto que há muito não fazia, podia ver nos olhos à sua frente contentamento, mas em seus olhos aquele aperto nada significava, pois não sentia como antes o calor e a umidade da pele alheia. Era um comando que lhe deixava o corpo e que era finalizado fora de si, em uma máquina externa. Quando estava com os dedos mecânicos ainda recebia algo pela palma da mão, pelo indicador; agora não havia nada.

O silêncio mantido por esse descontentamento apenas o agravou. Para não desfazer a alegria reinante, não expressou essa desconectividade, mas sim o contrário. Buscava fingir a todo instante que aquela prótese era algo real, da qual recebia sensações do mundo. Podia bater com a palma aberta em uma mesa com toda sua força, recebendo como sinapses de dor apenas o que partia do seu pulso para trás; mas quando batia a mão contra algo em frente a alguém fazia um sinal de desagrado no rosto, para completar a ilusão que a prótese criava.

Uma tarde viu-se estudando o violino por horas a fio. Quando se sentiu cansado, sentou-se na cama e repousou o instrumento em seu colo, buscando recuperar o fôlego. Enquanto respirava lentamente, começou a desconfiar de algo diverso, a origem do que lhe faltava. Não demorou a entender.

Observou a prótese, que naquele instante estava envolta na luva, e entendeu que não havia o que esperar de dor ou prazer daquilo, pois era apenas um conjunto de mecanismos; enquanto sua mão esquerda estava dolorida, não sentia nada na mão direita pelo simples fato de que não havia uma mão direita. Não era a questão de estar novamente como antes. Era um aleijado que usava uma prótese, mas ainda assim um aleijado. Não eram somente as habilidades e técnicas que sua mão realizava que eram importantes, mas o que a mão significava como um ponto de contato com o mundo exterior. Com aquela mão cumprimentava pessoas, abraçava mais firme seus amigos, acariciava o corpo de uma mulher e, via isso diante dos olhos, desvendava no arco as emoções mais complexas de sua alma. Agora era capaz de fazer gestos idênticos em tudo, exceto em um fato: esses gestos eram apenas comandos lógicos em um computador.

Levantou o arco, segurando-o pela ponta. Mesmo aquele arco tão simples, feito de madeira e crina de cavalo, era algo orgânico; parecia pertencer mais a si do que a nova mão pertencia. Unido à sua mão real, era a extensão de sua alma, a continuação de dedos, palma, pulso, antebraço, cotovelo, ombro, e disso atravessava toda a extensão de seu peito, indo encontrar suas raízes em seu coração. Quantas vezes ouviu que não há violino sem arco; entendera agora que não havia violinista sem arco, que o arco era um pedaço seu durante cada instante em que tirava uma nota do instrumento. E pouco valia se era uma nota enfeitada e caprichada, ou um desafino duro e brutal; a origem era a mesma nesses dois extremos, a origem era o homem que empunhava o arco. Agora o que diferenciava seu toque do de outra pessoa não era a sua capacidade de expressar emoções profundas, mas a tecnologia que estava implantada em seu corpo. Quando dedos artificiais simples conseguiam tais coisas, uma tecnologia superior permitia alcançar novos limites, quem sabe um computador perfeito pudesse tocar dezenas de notas em um segundo, sem jamais se cansar ou errar, utilizando todos os trejeitos possíveis a um violinista: mesmo assim, o que haveria se não uma canção artificial, planejada, medida, sem alma. Eram duras as notas que exprimia quando tocava com o indicador e o polegar, mas eram duras como um osso, assim como eram suaves como a pele quando possuía as duas mãos.

Luís abaixou o arco e começou a arrastá-lo contra as cordas do violino que estava em seu colo. Gradualmente foi aumentada a força, puxando e empurrando de qualquer maneira, pressionando as cordas. Em certo momento, alguns fios começaram a se partir. Levantou novamente o arco diante dos olhos, e então, em seu delírio, compreendeu que a distância entre o natural e o artificial era intransponível. O que permitia à prótese realizar tantas maravilhas era o que a unia diretamente ao cérebro, certamente, mas a desconfiança que carregava desde quando começou a realizar testes no hospital para averiguar a funcionalidade da máquina estava explicada: não era o caso de algo orgânico percorrer seu corpo e, ao chegar ao pulso, tornarem-se comandos binários; tudo aquilo que envolvia sua nova mão, que a permitia se dobrar e desdobrar e fazer gracejos, eram comandos binários: nasciam como comandos e terminavam em comandos mesmo quando seguravam um arco. Imaginou o que fizeram a ele naquela mesa de operações, que mecanismos implantaram nele além do que ele enxergava quando estava sem a luva especial. Só poderia haver fios que corriam por dentro de seu braço e terminavam e se ligavam diretamente ao seu cérebro.

Seguiu até a cozinha e escolheu uma faca na gaveta. Lançou-a contra o antebraço, desejando abri-lo, tentando arrancar os fios que faziam parte da máquina. Por ser uma faca bem afiada, a penetração não causou dor imediata. Mas quando a inclinou para iniciar o corte sentiu tamanho sofrimento que, instintivamente, puxou a faca de volta. Aquele braço era real, ele sentia e sofria, mas abaixo dele estavam feixes de cabos escondidos como a mão sob a luva. Luís colocou os dedos na abertura que fizera, afastando a pele para inseri-los e, assim, poder puxar esses fios para fora, puxasse-os com força suficiente ainda conseguiria desconectá-los de seu cérebro, retirar essa estrutura artificial de si. Começou a mexer dentro do próprio braço, sentindo a resistência dos músculos, o sangue a escorrer pelos seus dedos, urrando de dor. Não encontrando fio algum, buscou novamente a faca e aplicou-se golpe atrás golpe, que precisasse abrir o antebraço inteiro para encontrar essa estrutura falsa e retirá-la. No terceiro golpe caiu ao chão, desfalecido.

Acordou dias depois em uma cama de hospital. Estava sozinho no quarto. Ao seu redor havia inúmeros aparelhos que apitavam e bombeavam líquidos em seu corpo. Lembrava-se bem do que havia feito, das feridas que se infligiu; levantou o braço para ver o resultado alcançado. Havia, logo após o cotovelo, um coto. Permaneceu observando aquele coto durante horas, imaginando que os médicos iriam drogá-lo por um longo tempo até terem certeza de que não teria novamente sentimentos ruins, que seus pais voltariam a perder o brilho nos olhos até encontrarem uma prótese para ser conectada ao seu cotovelo, ela seria coberta por um plástico especial, permitindo que ele voltasse a ser como qualquer outra pessoa e seria novamente destruída da mesma forma de antes para que ele acordasse de novo no hospital sem outra parte de seu corpo, parte esta que seria então substituída por outra prótese que seria arrancada para ser substituída até haver somente um grande mecanismo ligado a seu cérebro que o permitiria apertar as mãos, sorrir, tocar o violino automaticamente, sem sentir emoção alguma, na esperança de que, com esse amontoado de tecnologia e metais, em algum momento pudesse reencontrar sua sensibilidade perdida.

Uma partida de xadrez

Cada jogador enviava a carta contendo sua jogada em quartas-feiras alternadas e, salvo contratempos, o outro a recebia sexta-feira; abria o envelope, lia as indicações e reproduzia o movimento no tabuleiro. Fazia mais de um ano que mantinham essas formalidades e o jogo aproximava-se do fim.

Marcos havia sido o último a fazer o lance e esperava com ansiedade a resposta do adversário. Acreditava estar com a partida nas mãos; a menos que o outro criasse uma sequência de movimentos inesperada, sabia quais peças mover para chegar ao xeque-mate. Sua última jogada havia exigido esforço significativo, surgindo como um lampejo em sua mente após dias estudando o tabuleiro. Era um movimento que, à primeira vista, colocava em risco várias de suas peças, mas qualquer resposta do adversário serviria como abertura para o grande golpe. Marcos, durante a semana do envio da coordenada, gabava-se de sua ousadia a cada instante que olhava para o tabuleiro sobre a mesa.

Gabava-se sozinho, pois pessoalmente não conhecia um que entendesse o xadrez. Era seu vício, o jogo; mas a razão para essa abstinência da grande vida era desinteressante aos seus próximos. Vez ou outra alguns aceitavam disputar partidas com ele, mas pela inexperiência eram presas fáceis, perdiam em um punhado de jogadas. Na internet encontrava bons jogadores, desconhecidos contra quem disputava em sites com tabuleiros virtuais ou trocando e-mails, mas o contato terminava logo que o xeque-mate fosse dado. Já amigos e parentes viam em peças e tabuleiro não mais que uma grande brincadeira. Marcos, frente a frente com um amador, convencia-se de que era ele quem estava de fato brincando; contra um amador podia fazer qualquer jogada, desmanchar o tabuleiro de qualquer maneira, sacrificar quaisquer peças, o que dificultava seus movimentos e servia de desafio: sendo o oponente fácil, a dificuldade ele mesmo criava. Muitas vezes pensava que, no fim, jogava contra si mesmo.

Um lance de sorte o fez conhecer um enxadrista tão habilidoso quanto ele. Costumava enviar questões e artigos a uma revista francesa especializada em jogos tradicionais e, para sua surpresa, um turista brasileiro que havia comprado a revista enquanto visitava Paris deparou-se, na seção de cartas, com uma crítica de Marcos. Constava, além do seu nome, um e-mail. Voltando da viagem, escreveu para seu conterrâneo e, após certa afinidade ser criada, decidiram iniciar uma partida.

"Mas faremos do jeito tradicional, disse o adversário. Trocaremos semanalmente correspondências."

Marcos inicialmente considerou a sugestão pouco funcional. Com uma semana para cada lance, proporcionando a cada participante o mesmo espaço de tempo, o jogo estenderia-se em demasiado; mas a oferta, possuindo certa beleza arcaica, acabou sendo aceita sem contestações.

Tendo ambos concordado que a carta precisaria deixar o lar do remetente tão somente às quartas-feiras, servindo o carimbo do correio como prova incontestável, a troca de lances começou. Estando seu adversário com o branco, havia escolhido como primeiro lance d4, que foi respondido com Nf6. No xadrez não é possível saber se alguém é amador ou profissional senão após algumas jogadas, ou determinar a qualidade do profissionalismo até a fase de abertura estar desenvolvida. Marcos aguardava as primeiras cartas mais por querer essas dúvidas respondidas do que pelo jogo em si. De fato, sempre que jogava com as peças pretas, seguia geralmente a mesma sequência, preocupando-se, antes de mais nada, em colocar o rei em uma posição defensiva. Mal recebia a carta e já escrevia a resposta; deixava-a sobre a mesa, onde esperaria uma semana para ser enviada.

Conforme recebia os subsequentes movimentos do lado branco, c4, Nc3, e4, concluiu que seu adversário era realmente familiarizado com o xadrez. Mais do que isso, enxergava essa abertura como a de alguém estratégico e cauteloso, de forma que cada jogada sua precisou começar a considerar uma suposição das motivações alheias.

Haveria um desafio, certamente, mas, às vezes, o tempo que a partida demoraria o incomodava. Queria trocar lances com mais rapidez – oito jogadas haviam levado quase dois meses de estratégia e espera. Era assim que jogavam antigamente, justificava-se, além de ser uma experiência nova. Desde a infância praticava a arte do xadrez e, com o passar dos anos, novidades tendem a tornarem-se raras, de forma que teria, no final das contas, pelo menos uma história para contar. Como mantinha outros jogos pela internet, além das vezes em que disputava contra o computador, estava com a cabeça sempre ocupada, as possibilidades de vários jogos sendo consideradas quase simultaneamente. Pensava na próxima jogada contra certo adversário, Nxb3 ou Be2, contra outro um Bxd2 sacrificial, e outro, recuando uma torre receberia um xeque facilmente repelível. Passava os dias assim, montando em sua cabeça inúmeras possibilidades para diversas partidas.

Cada correspondência que recebia, porém, exigia-lhe mais tempo para considerações. Aquele adversário não parava de lhe causar espanto. Muitas das jogadas recebidas eram convencionais, mas quando, na nona rodada, o branco moveu Bg5, a crença de Marcos de que estaria desafiando o centro do tabuleiro adversário com certa facilidade desmoronou. A defesa feita no início do jogo, supostamente segura e de fácil correção, mesmo se algo atípico ocorresse, foi explorada pelo oponente de forma a deixá-lo com escolhas limitadas e que não permitiriam nenhum deslize.

O que antes o enxadrista resolvia em poucos minutos, passou a exigir-lhe dois ou três dias de constante planejamento até uma solução aceitável ser encontrada. Não era raro gastar o fim de semana estudando possibilidades ou mesmo continuar em dúvida entre duas ou três jogadas até a quarta-feira. O movimento do branco na décima segunda rodada, em particular, deixou-lhe pasmo: seu Na6 foi respondido com Rd6, o que o deixou contra o muro. Passou noites em claro procurando por uma solução. Terça-feira de manhã havia reduzido suas escolhas para quatro; à noite eliminara uma, Bf8, que seria certamente respondida com Rxf6, o que desejava evitar; Be6 e b6 pareciam equivaler-se e o adversário certamente saberia lidar com qualquer uma delas; quarta-feira de manhã estava entre Nh5 e Rxe5. Faltando poucos minutos para a agência de correios encerrar o expediente, decidiu pela última. Lacrando o envelope, percebeu que tinha o rosto e as mãos suando.

Dormiu mal. No dia seguinte acordou e era ainda madrugada, tão nervoso estava. Algo durante seus sonhos o fizera mudar de ideia; a jogada escolhida o derrotaria, enquanto com Nh5 poderia ter pelo menos a chance de buscar um empate. Em mais sete rodadas, o branco estaria desenvolvendo seu jogo com uma formação superior de peões; na décima nona rodada Marcos estaria com todo o lado da rainha imobilizado. Foi até sua estante de livros – encontrou, em pelo menos três, sequências claras de movimentos que o branco poderia fazer sem que houvesse recuperação possível do preto.

Sentou-se em frente ao tabuleiro e esperou o dia amanhecer, na esperança de telefonar à agência de correios perguntando se haveria como reaver a carta enviada. Ao tirar aflito o telefone do gancho, percebeu que esquecera que, mesmo pegando a carta de volta, não haveria como reenviá-la sem carimbar novamente o envelope, quebrando uma das regras estipuladas entre ele e o adversário. Passou a semana perturbado, desconcentrado, alimentando-se mal; chegou a vomitar a primeira refeição que fez no dia. Estava certo de que seu oponente reagiria de forma decisiva, definindo o jogo em uma questão de oito ou nove rodadas.

A pior derrota é a esperada; não haveria sentido em postergá-la. Fosse um jogo convencional, os movimentos seriam postos no tabuleiro por uma questão de formalidade, mas, se precisasse aguardar meses de envio e resposta para um fim inevitável, melhor seria admitir a vitória adversária. Tinha o ânimo no chão quando recebeu a jogada do branco; abriu o envelope resignado. Em sua mente visualizava Bxf – responderia essa carta com um pedido de desistência, felicitaria o oponente, sem poder dizer sequer que havia perdido lutando.

Leu a carta esperando o movimento do bispo, mas ela indicava o avanço de um dos peões. Era algo tão inesperado, que Marcos precisou conferir as coordenadas uma segunda vez para aceitar que estava salvo. O júbilo encobriu sua alma e, após ajustar o tabuleiro, precisou deitar-se para acalmar a alegria. Estava perplexo; se o seu movimento anterior havia sido um erro aceitável para um jogador experiente, a resposta que recebera parecia quase algo proposital, como se o oponente tivesse percebido seu equívoco e lhe dado uma oportunidade de se recuperar. Essa possibilidade foi facilmente negada por Marcos; ninguém jogaria aos céus o que vinha construindo ao longo de tanto tempo. O jogo estava completando um ano, exigindo todo o esforço da espera semanal, e seu oponente era talentoso; suas jogadas apresentavam-se como criadas após considerações significativas.

O peso do arrependimento, de qualquer maneira, foi retirado das costas do enxadrista. Após decidir seu próximo movimento e enviar a carta, pôs-se a recuperar o tempo que a preocupação da última semana havia lhe tomado. O valor que dera àquele jogo em particular cobrou seu preço; estava em desvantagem em todas as partidas que mantinha por e-mail. Buscou corrigi-las, raramente alcançando o sucesso. Era fato que passou a haver um único jogo que deveria ser vencido, mesmo que todos os outros caíssem por terra.

No fim de semana que se seguiu, houve um campeonato escolar de xadrez ao qual Marcos foi chamado como juiz.

Nos intervalos, não era incomum alunos pedirem para jogar contra ele, sendo a maioria derrotada facilmente. Após algumas vitórias, pôs-se a considerar novamente aquele avanço do peão, se não seria enfim uma provocação do adversário, uma troça. Ele mesmo fazia isso de tantas formas com os amadores! Seria possível que seu adversário fosse um grande enxadrista, alguém que participa dos maiores campeonatos, considerou enquanto respondia às jogadas dos alunos sem prazer ou preocupação.

Recordou o que conhecia do adversário. Havia trocado alguns e-mails, mas a partir deles não era possível saber muito. Idade, se possuía família, há quanto tempo jogava – havia apenas a história do turismo na França, de que era um amante do jogo, que preferia os meios tradicionais para disputar as partidas. De fato, assim que a primeira carta fora enviada, as comunicações pela internet cessaram.

Desconfiado de que poderia estar lidando com um exímio profissional, Marcos afastou-se das mesas de jogos e procurou um computador pelo qual pudesse acessar a rede. Digitou o nome do oponente em um site de busca, esperando encontrar troféus e conquistas, mas a única referência foi em uma lista de aprovados em um concurso do governo feito anos antes. Na página de uma lista telefônica confirmou nome e endereço, eliminando a possibilidade de seu adversário esconder-se atrás de um pseudônimo. Aparentemente era uma pessoa comum, alguém que erra e movimenta um peão de forma a enfraquecer um jogo construído há meses. Mais tranquilo após tais considerações, Marcos voltou a colocar armadilhas contra os alunos que o desafiavam, desdenhando da inabilidade alheia.

Com o jogo da troca de correspondências entrando em sua fase crítica, era mais sábio não iniciar qualquer outra partida; e aquelas que se encaminhavam para uma derrota foram cessadas sem maiores explicações aos oponentes. Após a sequência de movimentos pobres, ambos os lados voltaram à qualidade anterior: do ponto de vista de Marcos, as jogadas que recebia eram estrategicamente ricas (embora tivesse criado certa teimosia em dizer para si mesmo que não eram extraordinárias), e aquelas que enviava eram vistas como ousadas e decisivas. Toda a experiência acumulada, os anos de jogos e estudo de livros, parecia estar se tornando algo maravilhoso, uma disputa que poderia bem ser imortalizada no papel. Bxe6, Red8, Rxd8, não é pouco a se pensar de uma partida, mas Marcos estava certo de que, com a permissão do oponente, enviaria o jogo, detalhando cada movimento, àquela mesma revista francesa, na qual publicariam uma matéria – e por que não o fariam, visto que esse jogo só acontecia por causa de um encontro fortuito que a própria revista causou?

Ao longo da disputa, o tempo acabou por se inverter; se no início as semanas arrastavam-se, agora os dias que separavam uma quarta-feira de outra pareciam comprimidos, curtos, insuficientes. Embora nunca houvesse acontecido problemas com o correio, cada sexta-feira alternada passou a ser vista como um dia cabal, pois sempre haveria a possibilidade da carta atrasar, chegando assim na segunda-feira seguinte; a vinda do carteiro era esperada e comemorada efusivamente. Acontecia de ele se atrasar alguns minutos, então Marcos ficava inquieto, postulando um fim de semana perdido. Chegava a temer que seu oponente simplesmente o abandonasse e não continuasse o jogo. Atravessaria oceanos para completar aquilo, repetia a si mesmo; sei onde ele mora, nem que precise ir buscar a resposta. Quando o carteiro batia à porta, essas preocupações eram substituídas por um sorriso de alívio.

Da mesma maneira, quando a carta chegava na quinta-feira, o que ocorreu certas vezes, era como se um dia inteiro fosse adicionado à vida de Marcos. As vinte e quatro horas adicionais eram aproveitadas ao máximo – em cada minuto, muito poderia ser pensado. Sentava-se à frente do tabuleiro e vislumbrava tantas possibilidades que chegava a se esquecer do que existia fora daquilo; era capaz de passar um dia inteiro sem se alimentar e sequer notar a dor que a fome causava em seu corpo.

Em raros momentos de descontração, via-se maravilhado pela magia e complexidade do xadrez. Tomava-o sendo o jogo quintessencial. Folheava os livros que possuía, relia sobre sua origem gradual, desenvolvendo-se de jogos primitivos, os primeiros registros escritos datando do apogeu do Império árabe. As regras mantiveram-se as mesmas desde então, senão por pequenas alterações feitas nos movimentos de algumas peças no fim do século XV, na época um jogo de intelectuais, hoje um evento, com campeonatos, transmissões na TV, estrelas, nomes que ficam na história; quanta beleza romântica seu suposto inventor pedira como recompensa ao rei a quem presenteara sua invenção, um grão de arroz para a primeira casa do tabuleiro, o dobro para a segunda, o quádruplo para a terceira... a progressão geométrica das sessenta e quatro casas algo incomensurável! Assim era o próprio jogo, milhões de possibilidades partindo de dezesseis peças, seis símbolos, duas cores, um tabuleiro... a admiração crescia junto ao desenrolar daquela partida específica.

Enfim, com sofrimento e prazer, construindo seu jogo de movimento em movimento, Marcos chegou ao lance que, até onde acreditava, levaria ao xeque-mate. Em nenhum momento viu-se em dúvida. Estava tão seguro que iniciou novas partidas de xadrez pela internet, até mesmo deu-se o prazer de jogar pôquer e outros jogos de cartas na rede. Buscou retomar conversas que mantinha em grupos de discussões, mas não as encontrou; as datas de último acesso às salas pareciam erradas, pois eram do ano anterior. Desligando o computador, sentou-se à mesa para jantar com sua esposa. Comentou que ela não fazia há tempos aquele prato, o que ela achou engraçado, pois era apenas o que sobrara do dia anterior. Enquanto ajudava seus filhos nas lições de casa, notou sobre a mesa seus boletins. As notas não estavam boas, era estranho que houvesse assinaturas suas para cada um dos bimestres passados, pois certamente teria se preocupado com médias tão baixas. Em seguida, brincou com eles por um longo tempo, divertindo-se muito. Contava e ouvia piadas, fazia-lhes cócegas, abraçava-os; e tentava lembrar-se da última vez que havia passado momentos tão bons com suas crianças, quando estivera tão próximo delas. Havia sido meses atrás, em um campeonato escolar de xadrez, em que elas haviam sugerido ao diretor da escola que escolhesse Marcos como técnico; o pai conhecia o jogo tão bem, poderia ajudar os iniciantes com seu talento...

E, como um espírito voltando a um corpo, olhou para a revista francesa que iniciara sua batalha e considerou que nunca soubera o francês, era sua esposa quem traduzia as cartas que eram enviadas e lia para ele as matérias; nunca havia levado uma carta sequer ao correio, pedia a seus filhos que o fizessem para não perder a concentração saindo da frente do tabuleiro, eram eles mesmos que recebiam o carteiro e lhe entregavam toda sexta-feira – ou quinta, nas semanas abençoadas – a carta de seu oponente; e dentro dessas cartas, ocasionalmente havia, anexo ao papel no qual as novas coordenadas estavam escritas, uma missiva, onde seu oponente, mesmo sem esperança de resposta, contava sobre sua vida: sua família, seus hobbies, seu emprego, buscando iniciar uma amizade.

No fim de semana, decidiu levar sua família a um parque. Estenderam uma toalha no chão, distribuíram tortas e refrescos sobre ela. Enquanto as crianças corriam de lá para cá, Marcos pôde conversar sobre diversos assuntos com sua esposa. Havia um lago próximo, o dia estava agradável, estar com pés descalços sobre a grama, ver a alegria de seus filhos, ouvir as palavras ditas por aquela mulher, eram coisas que pareciam tocar seu coração. E desejou que aquele momento jamais acabasse e não precisasse ver novamente o tabuleiro que deixava no centro de sua mesa de jantar, os mesmos seis tipos de peça que se alternavam infinitamente em extremos de preto e branco, que jamais chegasse a quarta-feira de enviar e a sexta-feira de receber, que a vida nunca mais se resumisse a lutar por vitórias em jogos que nós mesmos criamos.

As estrelas de várias pontas

O que conto nas linhas seguintes não busca provar ou pedir compreensão do fato que foi, dentro do círculo policial, esnobado pelos que não o compreendiam e encoberto por aqueles que temiam suas ramificações, a ponto de causar, no departamento de crimes contra o cidadão, a extinção de um setor inteiro: o de "crimes hediondos". Assim foi encerrada a carreira de mais de um investigador; os que ainda possuíam algum respaldo com os superiores foram aglutinados no mais geral e remanescente setor de "homicídios". Se escrevo isso é apenas para refletir sobre os eventos que se tornaram, de simples rotina policial, em uma ambição que carrego desde o dia em que o caso foi concluído, pelo menos nos arquivos; para enfraquecer tamanho horror tornando-o meras letras no papel, buscando desta maneira uma visão mais clara, mais simples, pode-se dizer, das atrocidades que presenciei.

Quando, durante uma aparente tentativa de assalto no estacionamento de um supermercado, um até então ilustre desconhecido Sr. Nelson foi baleado, pouca notícia havia sido dada pela mídia. De acordo com as testemunhas a vítima foi atingida após reagir por impulso, fruto de mero reflexo, vindo a morrer ali mesmo, no asfalto do estacionamento, em menos de dez minutos, com várias pessoas o rodeando. Pela trivialidade do latrocínio, não houve mais que uma nota em um diário da imprensa marrom. No primeiro momento, o repórter que recebeu a incumbência de cobrir o atentado considerou chamar algum fotógrafo para acompanhá-lo até a cena do crime, mas, por ser fim de noite, julgou que àquela hora o jornal do dia seguinte já estaria finalizado e notícias como aquela tinham uma expectativa de vida muito curta: os leitores não estariam interessados em ler algo acontecido dois dias antes, apesar de não haver outra maneira de reportar aquilo senão com atraso. O que restou foi um espaço de canto de página, cinco linhas, as notícias de anteontem. Mesmo a polícia não se importou muito com o assunto, enviando apenas uma viatura para anotar alguns dados e informações de testemunhas. Quando a ambulância que transportava o cadáver deixou o estacionamento, os clientes do supermercado já haviam voltado para suas casas e os empregados para seus setores. Quanto ao assassino, só teve seu nome associado àquela morte em particular quando preso meses depois por eventos não relacionados a este. Confessou, durante o abrangente inquérito então realizado pela polícia, que há anos trabalhava como "arma de aluguel" e o Sr. Nelson, assim como outros, foi apenas mais um dia de trabalho; sobre ele, o criminoso não sabia mais que nome e lugar onde estaria em determinada data.

Na época eu ainda era um novato no setor de "crimes hediondos". Havia trabalhado por anos como investigador de contrabandos e, nada tenho a esconder, nunca fiz um trabalho que pudesse ser considerado bom por meus superiores. Faltava-me compreender o equilíbrio que há entre policiais e bandidos, a dependência que os mantém unidos, uma espécie de "fratifragismo" legislativo. Bem jovem, muito sonhador, enxergava a profissão que escolhera mais por idealismo e falta de imaginação do que por qualquer outra coisa, como um grande jogo, assim como eram as brincadeiras de polícia e ladrão que me divertiam e a meus amigos de infância; o bem buscando alcançar o mal para dominá-lo, corrigi-lo, erradicá-lo. Mas algo haveria de ser compreendido de forma a perturbar esse mundo de fantasia. A verdade é que sem lixo não há lixeiro: que interesse haveria em erradicar o material de nosso trabalho? Muitas coisas eu vi, companheiros de trabalho sem escrúpulos que, captura feita, utilizava a caça como refúgio breve de suas emoções para depois devolvê-la à rua, assim podendo ser capturada e usada como refúgio para a insatisfação pessoal outra e outra vez. Entregar os bandidos à população que nos paga o salário só é possível no horizonte da cinematografia. Seria o mesmo que um animal entregar as próprias patas àquele que o alimenta.

Se fui "promovido" a chefe do departamento de "crimes hediondos", atualmente encerrado, não foi por qualquer talento ou merecimento. Meus superiores logo perceberam minhas intenções heroicas ao vestir aquela farda e, tendo bom coração com os seus, colocaram-me no único lugar onde eu poderia usar minhas habilidades adequadamente – agradeço suas intenções, eles acima de tudo desejavam que eu fosse feliz e não mais um empregado insatisfeito, prestes a pedir a dispensa. Havia um lugar onde se podia brincar de prender ladrões em definitivo. Pois fora estupros (no qual a correção é feita definitivamente nas cadeias), apenas crimes hediondos (que em mais casos do que desejamos crer, conseguem escapar das cadeias com atestados de insanidade) não possuem uma existência circular, isto é, não são presos com uma data de saída já escrita em suas fichas, para que possam voltar a praticar seus crimes, serem presos e permitirem que o contingente policial não apenas se mantenha em número, mas cresça a passos rápidos. Um insano que não mata uma vítima por dinheiro, vingança, acaso, mas pelo prazer que a dor alheia proporciona, é facilmente lembrado pela população em geral, e isso definitivamente não nos permite deixar esse rio correr por muito tempo. Um exemplo deixará a situação mais clara: se um traficante é preso, o cidadão lê sobre o assunto no jornal, vê a foto – barba malfeita, escondendo o rosto atrás de sua camisa de time de futebol, ao redor de vários outros iguais. Meses depois, se há uma fuga na cadeia, acontecimento que não produz fotos ou nomes, esse mesmo cidadão não pensará que um dos foragidos pode ser especificamente o mesmo traficante de antes, mas qualquer uma das centenas de pessoas que são presas a cada mês na cidade. Pois bem, mais algum tempo e o traficante é novamente preso e fotografado ao redor dos seus – a chance do leitor lembrar aquele rosto e aquele nome dentre tantos outros, isto é, que um ladrão que já foi preso (dando a impressão de que a polícia é funcional) está sendo detido novamente após realizar vários crimes nesse ínterim (isto é, ineficácia policial), é mínima.

Mas o assassino insano, este sim é lembrado. Muitas vezes ele matou poucas pessoas – menos até que o criminoso convencional. No caso dele, porém, isso pesará nas costas do civil por um longo tempo. Todos temem a sociedade na qual drogas e roubos acontecem, mas isso são coisas que, em uma grande cidade, tomamos como normas. A falta de empregos, de educação, a rotina do dia a dia, fatos simples justificam o criminoso normal. Basta passarmos de carro em frente a uma favela para explicarmos a nós mesmos: eis um ninho de crimes. Mas os sociopatas, eles não por acaso parecem pessoas adequadamente normais do lado de fora, até mesmo triviais. A foto de um maníaco na capa do diário não é a mesma do traficante: ao invés de um homem vestido com roupas miseráveis – geralmente uma camisa de time de futebol, para demonstrar, às portas da prisão, seu orgulho pelo brasão – barba malfeita, tatuagens, cabelos despenteados, feios (um dia haverá um estudioso que descobrirá como origem da criminalidade convencional um fator determinante e simples; e poderá bem ser esse, a feiura); não, o insano é uma pessoa bem-vestida, sorridente, cabelo penteado, pior: parece-nos uma pessoa bem-sucedida, mas no caso seu emprego é matar pessoas com atrocidade. Esse indivíduo, que precisaríamos explicar com termos psicológicos, com uma infância infeliz e graves distúrbios mentais não nos apresenta uma sociedade injusta, desigual; apresenta-nos uma sociedade perturbada mentalmente. Isso causa pavor no cidadão comum. Um homem miserável tornando-se criminoso é aceitável; uma pessoa como nós tornando-se um maníaco, um degenerado, poucas coisas pareceriam mais graves que isso.

Mas peço perdão ao leitor. Falando generalidades assim, sem encaixá-las com o caso em si, posso confundir ou parecer que exagero. Eu havia escrito sobre o tal Sr. Nelson sendo morto no estacionamento de um supermercado por um criminoso qualquer, e isso nada tem de hediondo que justifique não apenas minhas palavras, mas minha presença nesse caso. De fato, por muito tempo nossa delegacia julgou ser aquele apenas um caso de latrocínio.

Foram semanas sem termos princípios para ligar esse evento ao que eu estava designado: há mais de dois meses, assassinatos brutais vinham sendo praticados pela cidade sem que tivéssemos a menor suspeita de quem era seu realizador.

Embora após a morte do Sr. Nelson pouco tempo tenha se passado até conseguirmos associá-lo àquelas atrocidades, a razão pelo crime do qual ele mesmo foi vítima só ficou clara meses depois – acontecia de o assassino ser alguém contratado, eu tenho certeza agora, por um grupo de cidadãos. Confesso que essa atitude ilegal – contratar um assassino – foi mais eficaz que todas as operações policiais prévias. Já adiciono que tal forma de atitude civil é a segunda coisa que menos desejamos (a primeira, como dito, que nossa fonte de trabalho, os criminosos, terminem). Alguém agindo fora da lei, realizando melhor aquilo que aqueles dentro da lei, mais que isso, os próprios representantes da legalidade, não conseguiram, eis um distúrbio no tecido do mundo. É preciso que nossa sociedade mantenha padrões se não a queremos ver deslizando pelo caos absoluto, nos quais o de dentro continue dentro e o de fora continue fora, mesmo que as barreiras ocasionalmente não comportem tudo que deveriam.

Mas seria hipócrita se não confessasse minha gratidão pelo que esses desconhecidos fizeram. O que foi impedido pela heroica justiça civil não deixa de ser também uma inversão de valores, mas em um plano incomparavelmente maior. O objetivo final da suposta vítima era nada menos que virar o mundo do avesso. Graças a eles não apenas a sanidade de todos pôde ser mantida, mas, é certo, a própria existência tal como a conhecemos – eliminaram um câncer que ameaçava lançar a sociedade na escuridão. Apesar de acreditar que teríamos capturado o assassino mais cedo ou mais tarde, não posso evitar certo tremor em minha mão enquanto escrevo estas palavras, assombrado pela possibilidade de que, não fosse esse ato privado, hoje eu não mais estaria enxergando, olhando para o mundo que está além de minha janela, as mesmas casas e ruas às quais estou acostumado.

Para esclarecer, o Sr. Nelson era um homem que desejava lançar a sociedade no caos. Suas próprias palavras são retratos de um homem insano, mas não custa transcrevê-las aqui: seu objetivo era "sacrificar ritualmente almas inocentes" com o intuito de trazer "forças superiores" ao nosso "plano dimensional" que, após "uma tempestade de sangue e enxofre", fariam com que houvesse "ordem em uma sociedade ultrapassada".

Fossem meses antes, eu afirmaria que alguém fazer previsões absurdas do futuro nunca seria razão suficiente de que elas fossem ocorrer. Eu mesmo sempre fui reticente quanto às religiões, chegando a não praticar nem mesmo aquela na qual fui batizado, por ter dificuldade em acreditar em profecias e revelações. "O assassino é um homem louco no sentido literal da palavra, jamais se esqueçam disso", eu dizia a meus ajudantes enquanto coordenava suas missões. Sabendo pouco, eu defendia que ele matava pessoas de maneira atroz e ponto final. Mas o problema de quando conhecemos melhor as extensões da insanidade é que ela logo encontra terreno fértil em nossos receios mais profundos, alojando-se em nossas mentes como se fosse um verme que escava seu caminho em direção ao cerne de nosso entendimento.

Nada disso sabíamos quando aquela vítima surgiu no necrotério, porém, foram algumas semanas até que associássemos os terríveis assassinatos que estavam ocorrendo pela cidade com aquele morto em especial. Confesso, humildemente, que na verdade só nos passou pela cabeça qualquer associação de casos quando os assassinatos ritualísticos pararam de acontecer de uma hora para outra e os resultados da investigação do departamento de latrocínios coincidiram fortuitamente com a nossa. Até então, os crimes haviam sido bem programados, acontecendo mais ou menos com uma semana e meia de diferença entre eles. Quando foram interrompidos, nosso primeiro pensamento foi que o criminoso havia desaparecido de cena, desistido de sua carreira de crimes. Uma explicação assim banal pode soar estranha ao leitor, mas a verdade é que essa é a desculpa mais usada por nós. Quantos casos difíceis resolvemos assim! Infelizmente, havia certa pressão vinda de nossos superiores e, sendo os crimes assustadores, de forma que já haviam prendido a atenção do público por definitivo (o terror encanta), era preciso que continuássemos as investigações até ser possível reportarmos à mídia fatos conclusivos que dessem o caso por encerrado, tranquilizando assim a população. Posso dizer que, com a quantidade de alarmes vendida desde que o terror começou, fosse eu um vendedor de equipamentos de segurança e não um investigador, já estaria com as malas prontas e passagem comprada para o exterior.

Bem, gostaríamos de usar como segunda desculpa para o encerramento das atividades do criminoso o fato de que ele havia morrido. Pessoas morrem de maneiras inesperadas, afinal, por que não um assassino? Muitos vilões tiveram suas carreiras terminadas por um simples enfarto ou um acidente usual de carro. Da próxima vez que o leitor ler em um jornal a notícia de que em um determinado feriado certo número de pessoas morreram nas rodovias do país, pense que uma delas pode ter sido um ladrão, um assassino, por que não?

Essa desculpa (que no fim se mostraria verdadeira) também não agradou o pessoal no camarim, se você entende o que quero dizer – não estou falando do camarim do nosso pequeno teatro policial, mas do grande camarim na enorme arena na qual toda a cidade observa o rico espetáculo da vida cotidiana. Foi preciso, então, que nossa investigação continuasse, mesmo sem mais crimes ocorrendo. Eis um problema que eu não esperava quando entrei no antigo setor de "crimes hediondos" – aqui, mesmo quando o problema finda, ainda precisamos ir atrás de soluções. Para nossos colegas, que fácil! A torneira vaza por um tempo e eles não conseguem consertá-la; um belo dia ela não está mais vazando, como se tivesse consertado a si mesma, e eles podem escrever seus relatórios e ganhar bonificações. Nós, entretanto, voltamos às ruas, colhendo informações que nos levariam ao já aposentado "assassino das estrelas de várias pontas".

Esperem. É necessário um pouco mais de contexto. Voltemos aos dias de horror público, quando a mídia percebeu aquele filão e, ligando ela mesma os pontos, associou mortes até então desconexas a um mesmo fator – as tais estrelas com várias pontas. O nome foi dado por um jornalista e, como fogo em um palheiro, rapidamente adicionado ao léxico geral.

Até então havíamos nos esforçado em manter o caso longe do olhar público, para evitar as reações comuns em situações como essas. Muitas vezes, os civis reagem exacerbadamente, culpando a força policial pelos atos de um homem insano, ao mesmo tempo em que cobram resultados imediatos. Como consequência, não demora para que políticos dos mais variados níveis busquem reconhecimento "integrando-se" ao nosso trabalho, pessoas que até então não conhecíamos sequer pelos cartazes nas épocas de eleições começam a nos dar ordens, a decidir por nós. Da noite para o dia, policiais menores sobem de postos, oficiais com décadas de carreira são destituídos, detetives particulares contratados por civis confundem e desvirtuam nossas investigações, cada cidadão sente-se uma testemunha ocular em potencial, de maneira que precisamos direcionar parte considerável de nossa força apenas para lidar com políticos, mídia e cidadãos. O poder foge das nossas mãos. De fato, o fim do departamento do qual eu era o líder foi apenas uma resposta ao povo que, caso encerrado, via-se insatisfeito com nosso trabalho.

É certo que não é de se espantar que o caso tenha chamado tamanha atenção pública. Todas as vítimas haviam sido esquartejadas em lugares isolados, sempre dispostas em um círculo onde havia uma estrela desenhada. Os detalhes dos desenhos eram impressionantes. Mesmo em terreno irregular as linhas eram sempre isométricas, fossem desenhadas com oito, dez ou vinte vértices. Acredito que o sociopata fosse uma pessoa incrivelmente talentosa, com absoluta noção espacial, o que coincide com assassinos como ele, pessoas insanas capazes de grande compreensão de assuntos triviais. Ou que ele carregava consigo um modelo em tamanho real do qual copiava toda vez que fazia uma de suas estrelas. É possível ainda que possuísse réguas, transferidores e compassos específicos que certamente facilitavam seu trabalho, permitindo-o alcançar a perfeição desejada (as "forças superiores", como todos os superiores, deviam ser muito exigentes). Não encontramos, porém, em nenhum momento um instrumento de desenho que corroborasse nossa história.

O local onde essas estrelas eram desenhadas variava consideravelmente de caso em caso. Encontramos corpos jazidos em praias (desenho na areia), em terrenos baldios (cal jogado sobre a grama), depósitos de lixo (lixo), formações rochosas (tinta) ou dentro de construções abandonadas (giz). Desde o primeiro crime, nossos superiores decidiram delegar a nosso departamento o caso. Para não chamar a atenção do público, no início buscamos fingir que tratávamos os assassinatos como se não possuíssem relação entre si. Grupos diferentes de investigadores eram designados em cada evento e, mesmo os cruzamentos de informações, eram feitos por pessoas escolhidas a dedo. Em alguns casos, fomos capazes de recolher o cadáver e ocultar os desenhos antes mesmo dos fotógrafos chegarem. Mas a mídia sempre possuiu informantes infiltrados na força policial e eles foram capazes de desvendar nosso jogo – e foi na noite em que o quarto assassinato ocorria. Com isso, nosso trabalho recebeu um duro golpe. Foi preciso, além de nos reportarmos diariamente ao delegado distrital, que também satisfizéssemos a curiosidade de cada civil que batia às portas da delegacia.

Dias depois do primeiro assassinato, antes da inestimável ajuda dos tabloides, fui designado, juntamente com mais dois membros do grupo de "crimes hediondos" (chamemos de detetive Silva e detetive Costa), a descobrir que diabos era aquilo. A garota havia sido encontrada em uma construção abandonada, tendo seus órgãos e membros separados do corpo e dispostos (a nosso ver) aleatoriamente dentro de uma estrela desenhada a giz no chão. Não havendo antecedentes para o caso, e parentes e amigos interrogados desconhecendo razão para tal ato, julgamos que o criminoso era um lunático que havia escolhido sua vítima sem nenhum motivo em particular.

Passaram-se alguns dias até algo mais ser produzido pela união de nossas cabeças pensantes, o suficiente para que outros casos similares ocorressem. Enquanto eu e o detetive Silva permanecíamos na delegacia, o detetive Costa foi o escolhido a ir a campo, investigando as cenas de crime quando não havia risco de suspeitas serem levantadas pela mídia, coordenando nossos fotógrafos e recolhendo provas, além das visitas ao necrotério; homem bruto, tal como uma madeira talhada, acreditamos que ele era o mais apto a suportar a violência da simples visão de um corpo esquartejado. Eu mesmo vi algumas fotos, como não poderia deixar de fazer, mas assim como acontecia com o detetive Silva, elas me faziam passar muito mal, o que era uma muralha contra nossa produtividade. Olhá-las apenas para ver sangue e vísceras espalhadas, qual a utilidade? Depois não conseguíamos nos alimentar adequadamente por dias. Confesso que percebo a ironia por eu estar no departamento em que estava. Talvez o leitor esteja curioso para saber como exatamente eram feitos os esquartejamentos, que partes eram separadas de quais e colocadas onde, mas a mera lembrança é suficiente para dar um nó em meu estômago. Mais que essas informações que passo e estaríamos deixando de lado a fidedigna investigação policial e tornando-nos apenas caçadores do macabro.

Quando o assunto explodiu em jornais e revistas, esforçamo-nos ao máximo para manter o padrão de funcionamento anterior. Conforme o detetive Costa coletava dados e continuávamos sem a mínima noção do que fazer, um ou outro assassinato ocorria. Se por um lado os temíamos – a cada um deles mídia e governantes choviam sobre nós, exigindo resultados – pelo menos a chance de encontrarmos alguma pista que nos levasse diretamente ao criminoso aumentava a cada corpo estendido sobre uma estrela desenhada. Digo chance, pois essa pista nunca surgiu. Não foi por falta de vontade, mas confesso que não encontramos mais que suposições, e não uma ideia concreta do caminho a seguir. Estudávamos as fotos nos computadores mais avançados que possuíamos (era um modelo similar ao que minha esposa possuía em casa). Passávamos os olhos pelos arquivos, mesmo sabendo que não encontraríamos no histórico dos crimes locais algo similar àquilo. Saímos às ruas com afinco. Entrevistamos testemunhas. Consultamos nossos informantes. Isso tudo, embora não nos trouxesse nenhuma indicação derradeira, foi muito útil, e, acima de tudo, nos ocupou por dias – qualquer um que abrisse a porta de nosso departamento e nos visse trabalhando acreditaria que estávamos avançando no caso e não apenas passando o tempo. Quando esses métodos esgotaram-se, avançamos para os registros estaduais e, em seguida, aos federais, além de chamarmos novamente as mesmas testemunhas de antes para, com mais atenção, verificar as informações pela segunda vez.

As pesquisas no total geraram alguns resultados que, embora não nos permitissem uma descrição exata do criminoso, nos forneceram dados que poderíamos passar "ao público" para que nos ajudassem na busca (e sentissem que estávamos fazendo adequadamente nosso dever): procurávamos um homem entre 1,70 e 1,85, cabelos não claros e não compridos, dirigindo um carro sedan preto (poderia ser outra cor escura), com placa iniciada em "A" (ou "H", as testemunhas se contradiziam), bem vestido (ou com uma capa de chuva). Quanto à idade, sabíamos que não era uma criança ou um velho. Todas as pegadas foram feitas com o mesmo sapato.

Compreendo que esses dados podem parecer, à primeira vista, pouco úteis, mas um fato importante tiramos disso: o assassino agia só. Por muito tempo a mídia considerou a possibilidade de duas pessoas ou mesmo um grupo agindo, e enfim conseguimos descobrir algo definitivo. Agora bastava encontrar, em uma população de 2 milhões de pessoas, uma – não duas ou dez, apenas uma. Sob alegações diversas, prendemos várias pessoas (que seriam presas por outras razões mais cedo ou mais tarde), podendo dizer aos jornais que estávamos com vários suspeitos sob interrogação. O assassino, porém, continuava tão elusivo quanto antes.

Nessa época, o detetive Silva aproveitou seu tempo livre para buscar uma nova perspectiva que talvez lançasse luz ao nosso caso – e eles vêm nos dizer que não trabalhamos! Aqueles esquartejamentos o faziam lembrar algo, e qual não foi minha surpresa quando me percebi prestando verdadeira atenção a suas explicações sobre filmes de horror. Existem muitos filmes, apontou-me, que tratam de casos similares. Ritos satânicos, abominações humanas, canibais, cultos malignos, o que for. Gastei duas horas ouvindo-o, entediado. Quando minha paciência se esgotou precisei, em dado momento, interromper suas descrições de filmes de baixa qualidade para lançar-lhe a questão: "Você quer fazer o favor de buscar o roteirista para que possamos ler a identidade do criminoso antes que o próximo crime aconteça?". Porque não havia maneira dessas histórias, por mais semelhanças que tivessem com a realidade, poderem nos ajudar. O detetive Silva ainda tentou me convencer de que talvez o assassino tenha se inspirado em alguns daqueles filmes para começar seus assassinatos, era o caso de fazermos uma pesquisa nas locadoras da cidade e ver quais pessoas haviam alugado aqueles exatos filmes. Se for assim, o primeiro a ser questionado deveria ser você, foi o que lhe falei. Pensar que um homem capaz de desenhar uma estrela de vinte e três pontas fosse matar simplesmente porque viu em um filme! Havia algo mais, eu sentia em meu âmago, e eu estava correto. Pena que só descobrimos o quanto eu estava correto após o assassino ser morto.

Faço uma breve nota sobre as vítimas. Querendo manter aqui a tradição reinante do relato policial, se elas e seus próximos não podem se reportar diretamente ao caso, dando-nos pistas ou servindo de ligação às nossas considerações lógicas, não devemos nos debruçar sobre elas. É sempre bom estar um passo à frente da história para não sermos tragados por ela; não podemos perder tempo olhando para trás. Descobrir a solução páginas antes do fim sempre demonstra sagacidade, o que precisava ser comprovado para se dizer que se possui. Havia famílias sofrendo por terem sido destruídas pelos atos de um insano, mas não nos cabe falar delas aqui. Que os esquartejamentos em si bastaram para levar à tristeza maridos, esposas ou filhos pelo restante de suas vidas, isso está além do nosso escopo. Em um mistério como esse, devemos ter em vista o objetivo, que é desmascarar o assassino. Poderia metade da cidade morrer, a estrutura do jogo é simples. Temos o detetive de um lado, o criminoso de outro – o primeiro alcançando o segundo, caso encerrado. Como, durante minha infância, eu sonhava que fosse. Mortes são contingenciais. O estofo da história.

Quando o sexto crime ocorreu, a cidade já estava em alvoroço. A pressão sobre nós era enorme, e a cada quinze minutos um dos nossos superiores ligava para meu escritório, exigindo atitudes imediatas. Fazíamos tudo que estava ao nosso alcance – mandávamos traços de sangue encontrados nos corpos das vítimas aos nossos laboratórios, fazíamos exames dos cadáveres para determinar abuso sexual ou não, esquadrinhávamos a cidade em busca de qualquer pista. Em dado momento, o detetive Silva desconfiou que houvesse uma razão para cada crime ter sido cometido em determinado lugar, de forma que fizemos o seguinte: colocamos em um mapa da cidade um alfinete em cada um desses locais e os ligamos das mais diversas maneiras por meio de fios – como se cada estrela desenhada pudesse ser a ponta de uma estrela maior. Mas quando o sétimo crime aconteceu em uma praia a mais de cem quilômetros da capital, faltou-nos barbante. Ficamos olhando para aquele mapa esburacado, para o rosto do detetive Silva, certos de que mais tempo havia sido perdido (e aquele, pior de tudo, nem serviu para parecer que estávamos trabalhando, pois o primeiro que viu aquilo caiu no chão em risadas).

Em resposta a isso, o detetive sugeriu que comparássemos os proprietários dos veículos que haviam passado pelo pedágio no dia do assassinato com os nomes dos clientes que alugavam filmes de terror nas locadoras e, para diminuir o número de suspeitos, com aqueles que compravam livros em lojas de umbanda. Essa última opção foi adicionada pelo detetive Costa, homem que sempre desconfiou de crenças não ortodoxas. De acordo com ele, havia livros nessas lojas que ensinavam a convocar "forças superiores", mais precisamente o demônio cristão em si, e, embora essas "simpatias" não coincidissem com as estrelas de várias pontas, havia outras com estrelas mais simples que serviam para outras coisas, de forma que somando dois com dois teríamos um demonólogo que comprava livros em lojas de umbanda, assistia filmes de terror e quando viajava à praia ia pela estrada com pedágio. Comentei que se entendêssemos de uma vez por todas que tal pessoa só poderia ser um ouvinte de música estilo *death metal* (*trash metal*, *demonic metal*, eu sei lá o quê), teríamos como suspeitos não mais que um décimo da população jovem da cidade.

Apesar dos assassinatos já terem passado de capas de jornais de cinquenta centavos para o noticiário em horário nobre, não poderíamos nos tornar escravos da pressa (ou da pressão vinda de cima) e passarmos a fazer considerações absurdas. Minha sugestão – e digo desde já que ela se provou correta –, aceita pelo simples fato de eu ser o superior de nós três, foi a melhor de todas: deveríamos continuar esquadrinhando a cidade, pesquisando atentamente as cenas de crime, e esperar que o criminoso cometesse algum erro que, por menor que fosse, abriria todas as portas para nós. Isto é, continuaríamos enrolando até a caça cansar-se do esconde-esconde e sair por vontade própria do seu esconderijo.

E isso acabou dando certo, embora tivéssemos que esperar mais três assassinatos para isso, sendo o último o do próprio assassino.

Quero, antes de continuar o relato, desmistificar a impressão reinante pela mídia e populacho – de que, se dependesse da força policial, o assassino teria matado quantas pessoas entendesse sem jamais ser pego. Nada mais errôneo. De começo, ele possuía como objetivo um número exato de vítimas, da qual ele jamais passaria, conforme anotações que viemos a encontrar depois. Se ele não fosse um lunático, mas alguém que de fato conhecia mais sobre a realidade (e aquilo escondido atrás da realidade) do que nós, homens comuns, assim que a última vítima fosse colocada no solo e o desenho tomado pelo sangue, ele não mataria mais uma pessoa sequer, visto que a tal "entidade superior", aparentemente um deus esquecido, viria à Terra, onde dominaria a tudo e a todos. Não apenas isso, o assassino acreditava que ele viria a ser alguém importante na nova ordem instaurada. Parece que todos que desejam um estado absoluto acreditam que não serão subjugados por ele – tendo ajudado a ascensão dos líderes ao poder, parece-lhes lógico que serão agraciados com uma cadeira de cetim ao lado deles.

E se fosse o caso do tal "ser superior" não existir, o que rezo diariamente para que seja verdade, acreditamos que nosso assassino teria parado por ali seus crimes e se dedicado a outra atividade mais prazerosa. Com tamanha dissimulação, tenho por certo que seria capaz de fazer carreira em uma agência de detetives ou mesmo como espião. Esses cultos passageiros funcionam assim – a pessoa muda todo seu modo de vida, passando a acreditar em fantasias absurdas, mas basta que uma delas prove-se incoerente com a realidade para que todo o resto caia abaixo. Por exemplo, mesmo aqui na cidade havia seitas que juravam de pés juntos, anos atrás, que o mundo terminaria com a virada do milênio. Posso até imaginá-los, reunidos em seus salões, mãos dadas, rezando à piedade de seu deus inventado para que, ao badalar do sino, simplesmente olhassem um para a cara do outro se sentindo patetas. Tudo ainda inteiro, o que lhes resta senão levantar-se e voltar para casa? Muito prazer em conhecê-lo, líder de culto, mas acho que é hora de começar a viver. Eis a diferença entre uma seita e as grandes religiões – estas fazem promessas apenas para a próxima vida, e não podendo ninguém que tenha morrido voltar para cá, dizendo se o céu e o inferno conforme ensinado por padres e pastores é real ou não, estes continuam a falar sobre o além como bem entendem.

Claro que podem me chamar de otimista, mas mesmo que o Sr. Nelson continuasse sua matança, estaria tão nervoso pelo não cumprimento das profecias que sem dúvida cometeria um erro visível. Sejamos sinceros: não gostar da polícia é uma coisa – não aceitar que ela possua qualidades, por menores que sejam, é infantilidade. Então, damos por encerrado o assunto. Assim como é certo que o sol se levantará amanhã, mais dia menos dia descobriríamos o assassino (ou o "grande poder" despertaria e o mundo, tal qual o conhecemos, chegaria ao fim).

Mas aconteceu do Sr. Nelson ter sido morto sem sabermos tão logo quem ele era. Afogados pela pressão e pela miríade de pistas sem utilidade, continuamos a lutar contra um oponente invisível até, subitamente, uma de nossas fontes – os crimes em si – pararem por completo. Na primeira semana de paz não nos demos conta, talvez o assassinato tenha sido feito em um lugar muito distante ou o criminoso estava descansando por alguns dias. Mas após um mês, já acreditávamos que poderíamos comemorar o término dos crimes, embora não graças a nós. Lembro-me bem do dia. O detetive Silva trouxe uma garrafa de champanhe e convidamos toda a delegacia central para celebrar conosco. Nós, ajudados pelo inclemente tempo, havíamos vencido.

Infelizmente, há pessoas que sempre estão infelizes com tudo e se acham no direito de exigir algo de seus mandantes sob a alegação de que pagam impostos e votam. Não demorou para que voltássemos a receber ligações dos superiores, pedindo para encerrarmos o caso mais adequadamente, isto é, trazendo ao público a identidade do assassino. Por um longo período, sentimo-nos tentados a usar uma foto qualquer de algum criminoso que tenha sido morto recentemente. E teríamos feito isso, não fosse uma investigação paralela coincidir com a nossa, o início da junção dos pontos.

Após o assassino ser baleado, levamos algumas semanas até cruzarmos informações com o departamento encarregado daquele caso. Ao mesmo tempo em que andávamos em falso, eles também permaneceram certo tempo em uma intuição que, embora os tenha levado à solução, estava errada. Gostaria de mostrar agora a linha de raciocínio deles e como seus resultados chegaram a nós.

Naquela época, o Sr. Nelson estava casado e era pai de um jovem de 14 anos e de uma menina de 6 anos. No dia do assassinato, sua mulher recebeu a ligação do necrotério e foi como se de seu corpo houvessem tirado toda a sustentação; caiu desfalecida no sofá e sentiu como se ela mesma tivesse recebido um tiro fatal. Como adendo, estou apenas transcrevendo os relatórios de outro departamento, no qual analogias poéticas como essa não são minhas. Voltando à história, a Sra. Nelson não se recordava quando recobrou os sentidos; ligou para a polícia e novamente para o necrotério, e ambos confirmaram o nome e todos os dados de seu marido – porque, após despertar, tinha em sua mente, como gravada pelos sonhos que acabara de ter, a ideia de que a primeira ligação havia sido alguma brincadeira de mau gosto e seu marido não poderia ter morrido tão cedo, de maneira tão banal. Seus filhos àquela hora já dormiam, ou ela assim pensava, pois Pedro, o mais velho, conforme relatou à polícia posteriormente, há anos não conseguia dormir antes de pelo menos duas horas da manhã; apagava as luzes do quarto às onze horas e ficava a pensar ou ouvia música pelo fone de ouvido. Naquela noite, pelas perguntas de sua mãe ao telefone, pode deduzir o ocorrido, e pôs-se a chorar silenciosamente, enquanto a ouvia se arrumar e deixar a casa.

Até dois dias depois, no cemitério, quando viu a primeira pá de terra ser jogada sobre o caixão do marido, a mulher de Sr. Nelson havia assumido a usual posição pragmática de quando se via diante de um problema e tratou de solucionar os que se apresentavam de maneira mais eficiente possível – de fato, viria a se lembrar dias depois, quando finalmente sentiria o peso da perda em sua totalidade, de quantas mulheres havia conhecido em sua vida que, ao perderem um ente querido, eram capazes de manter a mais perfeita tranquilidade. De certa maneira, se alegraria ao dar-se conta retroativamente da força feminina que a manteve serena enquanto identificava o corpo, assinava papéis, recebia os pertences de seu marido, dirigia-se até a funerária para escolher o caixão e as flores. Foi nesse lugar, enquanto aguardava o desfecho de algumas formalidades, que ela recebeu os pertences que Sr. Nelson carregava no momento de seu falecimento: seus óculos, as chaves do carro, a carteira com dinheiro e documentos que o ladrão, após puxar o gatilho, nem considerou em pegar. Havia também o recibo do estacionamento do supermercado e uma folha solta, o recibo de compras, mas que foram ambos tratados pela viúva como inúteis e devolvidos à polícia – pelo choque, não haveria porque ela vir a se perguntar o que o marido havia comprado e o que acontecera com as compras, as quais, na verdade, foram afastadas do corpo por um policial e deixadas sobre o capô de um veículo; durante a comoção ao redor do corpo, um curioso viu-se no direito de pegar para si aquelas sacolas que, pensava, já não eram mais de ninguém e, sem ser percebido, sair feliz por ter conseguido, sem pagar nada, coisas tão úteis.

Dado o impacto da situação, alguns detalhes passaram despercebidos à maioria dos responsáveis. Algumas colocações cronológicas que haviam sido notadas apenas pelo responsável pelo inquérito não foram questionadas pela mulher da vítima e, no fim, deixadas de lado para não machucar ainda mais a família atingida. O Sr. Nelson era dentista, conforme ele dizia à esposa, sua última consulta terminava usualmente às dezenove horas e trinta. Era costume seu, após deixar o consultório, fazer compras, porém o recibo do estacionamento, que havia sido ignorado pela viúva, marcava a entrada do veículo às dezoito horas e doze minutos. O assassinato ocorreu muito tempo após a entrada do veículo, às vinte horas e sete minutos.

Para o inspetor-chefe que estava encarregado daquele aparente latrocínio (nós, naquela época, buscávamos respostas em fichas de criminosos estrangeiros), aquele vazio de uma hora e quarenta minutos para se comprar alguns enlatados e doces para as crianças não fazia sentido. Sua primeira e única dedução foi que, como ele já ouvira falar de conhecidos seus que realizavam tal ato, a vítima provavelmente utilizava-se do estacionamento do supermercado e das compras pequenas como álibi que encobririam um caso amoroso. O tradicional esquema do supermercado (funciona igualmente em um shopping) é o seguinte: cada amante dirige seu carro até o local, onde os porteiros não se importam com quem entra ou sai do lugar. Ambos deixam os carros em uma parte da garagem previamente combinada. O homem deixa seu veículo e entra no da mulher (ou vice-versa), para então seguirem a um apartamento ou motel. Ninguém notaria um dos carros partindo com um passageiro adicional. Também não haveria problema caso alguém viesse a reconhecer o carro no estacionamento; visto o tamanho do supermercado, caso não encontrasse a pessoa, não poderia vir a dizer que ela não estava lá. Se viesse a perguntar sobre isso depois, as compras que foram feitas após o encontro ter sido finalizado serviriam de prova.

Interrogando a secretária do Sr. Nelson, foi confirmado que muitas vezes ela era dispensada do serviço horas antes do final de seu turno, o que corroborava essa ideia. Havia muitos espaços em branco na agenda do dentista – tantos que não seria natural aos investigadores suspeitar de uma ligação entre essas datas e os esquartejamentos. Infelizmente, a primeira hipótese considerada para homicídios como esse é a de crime passional, que foi seguida com afinco até onde o fio pôde ser esticado. Apesar da banalidade, antes que o caso viesse parar em nossas mãos, muitas especulações foram feitas em cima de um mesmo caminho sem saída. Às vezes escutamos algo aqui, algum de nós surge com uma ideia incrível, e passamos dias correndo atrás de fantasmas.

Inicialmente buscaram confirmar ou negar algum envolvimento da secretária do Sr. Nelson no caso – poderia ser ela mesma a amante, ou uma ex-amante invejosa. A inocência da mulher levou cerca de uma semana para ser determinada sem que houvesse dúvida. Em seguida, as suspeitas recaíram sobre a viúva. Ela e os filhos foram interrogados algumas vezes, nenhum deles possuindo sequer o menor conhecimento dos fatos. Nisso mais uma semana foi perdida, enquanto nós, embora felizes pelos assassinatos terem terminado, não conseguíamos dar um fim ao caso. Temíamos que se tornasse algo lendário, como acontece com crimes não resolvidos.

O que restou aos investigadores foi suspeitar da ação de um suposto marido da suposta amante do Sr. Nelson. Por falta de outra opção, decidiram buscar informações sobre todos os seus clientes, na esperança que um deles indicasse alguma relação extraconjugal. Foi então que nos chamaram: todas as vítimas de esquartejamento haviam sido tratadas uma única vez pelo dentista dias antes de serem mortas.

Embora estivéssemos há tempos com as mãos abanando, recebemos essa possibilidade com receio. Havia, embora rara, a possibilidade de tudo não ser mais que mera coincidência. Além disso, o que possuíamos não passava de provas circunstanciais – não poderíamos ainda denunciar ninguém. Chamamos novamente a Sra. Nelson para ser interrogada, seus filhos, a secretária, sem conseguirmos adicionar uma vírgula aos nossos relatos. Além de algumas habilidades que o assassino possuía e que me deixavam impressionado (como desenhar a tal estrela de várias pontas tão bem), ele era dotado de uma que, aposto, metade dos homens gostariam de ter. Digo com sinceridade: quão grande não é minha inveja, eu que não consigo esconder de minha mulher um copo de cerveja a mais que tomo, de alguém capaz de matar quase uma dezena de pessoas sem levantar a mínima suspeita. Ele era sutil como uma cobra.

Por fim, decidimos lançar um mandato de busca. Fomos à casa do falecido Sr. Nelson e passamos horas estudando cada gaveta que havia. Enquanto esvaziávamos as prateleiras da biblioteca, procurando algum papel escondido, aconteceu de um de nós abrir um livro para ver cair de dentro deste um diário feito à mão, com papel muito antigo e quebradiço, que, ao invés de espirais ou lombada, era costurado com linha comum de pesca. Enfim uma pista significativa, não mais que um simples caderno de anotações escondido dentro de um livro oco; e que coisa mais fácil de esconder do que livros! Se as pessoas que vivem com você não possuem o costume de ler, como era o caso do Sr. Nelson, não há com o que se preocupar. Bastou colocar o livro oco no meio de outros quaisquer.

Nesse diário, as anotações estavam escritas, em sua maioria, em código, mas havia em uma das primeiras páginas os já famosos desenhos de estrelas. No momento em que vi aqueles rabiscos soube que havíamos encontrado o assassino. Precisei sentar-me até que recobrasse meus sentidos. Não era júbilo o que sentia, pois o nosso trabalho estava longe de ser considerado um sucesso, mas alívio, pois só então tive a certeza de que os assassinatos não aconteceriam mais. Folheei o encadernado; o detetive Silva lia às minhas costas, ansioso pela curiosidade, enquanto o detetive Costa, julgando aquelas anotações como sendo blasfêmias, preferiu continuar sua busca pela casa.

Perdidas em anotações escritas em línguas que desconhecíamos, estavam as menções citadas no início deste meu relato, narrativas caóticas descrevendo "chuvas de sangue e enxofre", "grandes poderes", "um futuro de sombras e esplendor". Pelo que conseguimos decifrar entre rabiscos e códigos, descobrimos uma sequência de datas, além de abreviaturas e números que indicavam as localizações dos crimes, tanto os passados quanto os possíveis futuros. Um estudo inicial das coordenadas não nos indicou nada atípico. Fomos também capazes de delinear o número de vítimas que haviam sido ou seriam ainda esquartejadas; somadas, elas totalizavam vinte e três.

No fim, aceitamos que as suposições do outro grupo estavam parcialmente corretas: o Sr. Nelson realmente estacionava o carro no supermercado por horas para despistar suas atividades; não para se encontrar com uma amante, mas encobrir os assassinatos ou, antes deles, um estudo dos hábitos das futuras vítimas. Se precisasse se explicar, o criminoso diria que teria deixado o consultório às sete e meia da noite, como usual, chegado ao mercado vinte minutos depois, comprado algumas trivialidades e voltado para casa. Sendo o recibo de entrada do estacionamento destruído por ele na saída, era retirado assim um possível incriminador, permanecendo apenas o extrato de compras em sua posse. Era de se questionar a praticidade de se fazer compras pequenas diariamente – e, de fato, o supermercado nem ficava no caminho entre o escritório da vítima e sua casa –, mas esse subterfúgio, disfarçado de bondade e atenção pela família, era deveras eficaz. Sua simpatia pelos familiares poderia ter causado certa suspeita (estava próximo de alcançar seu objetivo), mas no fim o que ele queria era algo muito diverso do que alegria extramatrimonial.

Como dito, bastou esperar para que a sorte colocasse em nossas mãos as chaves. Nossa paciência havia sido recompensada.

Porém a recepção gloriosa que esperávamos não aconteceu. Reportarmos as descobertas aos nossos chefes e ao público em geral; a mídia foi saciada com fotos e dados genéricos do criminoso (guardamos os pessoais, para evitar constrangimentos à viúva). Esperamos que os superiores nos telefonassem, elogiando. Mas o tempo que a investigação demorou, somado ao fato de que não havíamos, aos olhos do público, feito nada de eficaz, tendo sido favorecidos por uma casual eventualidade, foi o bastante para denegrir nossa imagem. Como apontei, diziam que, se não tivesse sido baleado, o assassino continuaria matando até não haver um ser vivo na cidade. Durante as investigações, comentários como esse eram tratados como brincadeira, mas adquiriram uma seriedade incalculável depois. Repito que uma das piores coisas que um policial pode esperar é que a justiça popular seja mais eficaz que a legítima. Como não sabíamos nada sobre o assassino do assassino – se havia sido um caso fortuito ou planejado – parecia que um civil qualquer que sabia mais do que nós havia eliminado o criminoso com as próprias mãos. A violência teria sido iniciada contra a população e terminada com ela, completando um círculo sem que houvesse em momento algum a nossa intervenção. Os jornais, as revistas, a televisão, ninguém nos concedeu um elogio. Muito pelo contrário: nossa delegacia amanheceu com vidros quebrados e muros pichados, não podíamos sair à rua sem que nos lançassem pedras, a multidão segurando diante de nossos olhos fotos das vítimas, pessoas que elas sequer conheciam, culpando-nos por cada uma das mortes.

Como não poderia deixar de ser, tanta comoção popular não demorou a chegar à política. Novamente vereadores de bairro decidiram coordenar o que não lhes dizia respeito e, em poucos dias, eu, o detetive Silva e o detetive Costa recebemos cada um uma carta com uma eventual dispensa ou realocação na força. Nossos subordinados encontraram fins similares. Para facilitar o esquecimento da população, o departamento de "crimes hediondos" seria encerrado definitivamente. Caso tivéssemos um homem caçado e capturado por nós mesmos, uma cabeça para colocar sobre uma estaca, ainda estaríamos trabalhando juntos. Mas o Sr. Nelson já estava enterrado há mais de um mês, esquecido como se sequer tivesse sido ele o assassino, mas nós.

Sentados ao redor da mesa de nossa sala, contando no relógio as horas que faltavam para que apagássemos pela última vez aquelas luzes, sentíamos que a festa havia acabado. Pior – havia sido apenas problemas e inconclusões, sem uma razão digna para celebrar. Conversávamos sobre o caso, como não poderia deixar de ser. Sabíamos que, assim que o largássemos, nunca mais o teríamos em nossas mãos. Tornaria-se um registro de arquivo, para nunca mais ser aberto por ninguém.

Estávamos crentes de que algo maior se escondia atrás dos esquartejamentos. O que poderíamos conjecturar, porém? Decidimos estudar cada página do livro atentamente, nem que fosse para descobrirmos não haver mais o que descobrir.

Chegamos rapidamente à conclusão de que a caligrafia era de uma só pessoa, mesmo quando as letras eram símbolos ou as palavras escritas em línguas estranhas. O que estava em português não apresentava nenhuma ideia coerente. Os objetivos da carnificina, isto é, a busca por "despertar nossos verdadeiros deuses", não pareciam mais que crenças desconexas, anotadas conforme o homicida via-se impelido a escrevê-las. Transcrevemos os desenhos que estavam esparsos pelas páginas do diário em outra folha de papel, procurando relações entre eles. Não havia os nomes das vítimas, mas apenas as datas e localizações dos assassinatos, tanto futuros quanto passados. Era provável que antes de executar a vítima ele a seguisse, visse em que momentos saía do trabalho e ia para sua casa, em que horas estaria sozinha; no dia do assassinato deveria raptá-la, levando até o local já determinado. A noite já chegava e faltavanos poucas horas para que tudo aquilo terminasse.

Foi enquanto olhávamos sem ânimo para a folha cheia de rabiscos que algo pareceu estalar em nossas mentes como um súbito lampejo. Procuramos em nosso armário pelo mapa onde havíamos colocado alfinetes e fios, motivo de piada para os outros departamentos. Dispomo-lo ao lado da folha – algumas linhas coincidiam em parte com um desenho específico, uma estrela da qual um dos vértices estava bastante afastado dos outros, como se simbolizando um planeta recebendo a luz de um estranho sol. Aquele seria o assassinato ocorrido no litoral. Colocamos no mapa as linhas que faltavam. Inicialmente cada alfinete novo coincidia com um dos assassinatos planejados mas jamais realizados; o que nos prendeu a respiração foi que havia um vértice, unindo o primeiro ao último local de crimes, cuja localização não constava em lugar algum.

Conferimos as datas marcadas no diário; não nos parecia haver um primeiro esquartejamento que nos teria escapado. Aquilo devia significar algo mais, um primeiro ponto de onde todos os outros apenas seguiam ou ao qual convergiam. Levantamos e, corações transbordando, deixamos nossa sala e fomos à garagem da delegacia, onde entramos na viatura que tínhamos ainda à nossa disposição.

O detetive Costa, o homem mais decidido e centrado entre nós, havia sido escolhido para guiar, pois era o que menos afetação demonstrava em momentos como esse. O detetive Silva, sentado no banco de trás, não conseguia evitar tremer e gaguejar; ainda acreditava, julgando pelos estranhos desenhos que preenchiam as folhas do obscuro diário que trazia consigo, que algo maior estava envolvido naquilo tudo. O assassino provavelmente buscava alcançar alguma dimensão inacessível aos nossos sentidos, esperando receber, em troca de seus "presentes", dádivas espirituais de deuses desconhecidos. O detetive debruçava-se com afinco sobre as anotações, tornando-se cada vez mais preocupado, a ponto de, em certo momento, decidir fechar o livro e passar a implorar que seguíssemos o mais rápido possível ao endereço indicado, antes que "algo pior ocorresse".

Quanto a mim, o que me fazia querer chegar ao fim daquele enigma era, antes de mais nada, o fato de meu orgulho como policial ter sido ferido. Precisávamos mostrar para todos que não havíamos agido de má-fé não encontrando o assassino antes. Eu acreditava que, naquele endereço, descobriríamos pelo menos quantas pessoas estavam envolvidas nos esquartejamentos. Apesar de sabermos que a disposição dos corpos e os desenhos tenham sido feitos por um só homem, talvez o assassino fosse apenas a parte operacional de um grupo idealizador maior. Visto que os loucos muitas vezes andam em bando, poderia bem ser ele apenas o representante atual de um grupo de fanáticos seguidores de estranhos deuses e afins, e, o quanto antes investigássemos seus esconderijos, mais chances teríamos de capturá-los. Mas confesso que havia algo além da esperança de levar à justiça outros criminosos: uma desconfiança, um temor tomava conta de mim – a de que alguém poderia continuar aquele trabalho diabólico para chegar ao seu esperado e catastrófico desfecho.

Deixei de lado meus pensamentos para concentrar-me na operação que nos aguardava. Em alguns minutos alcançamos nosso objetivo; vimos ao longe a construção. Tudo nela parecia calmo. Desaceleramos e, com luzes apagadas, nos aproximamos lentamente, parando a certa distância. Antes mesmo de desligarmos o motor um vigia que, postado à entrada, não havíamos até então notado, começou a gritar alertas para os que estavam dentro do galpão. Apenas tive tempo de ordenar ao detetive Costa que pedisse reforços pelo rádio; mal havia começado a dar instruções ao detetive Silva de como invadiríamos o recinto quando uma explosão ocorreu.

A porta de entrada do galpão se escancarou; juntamente com a fumaça do início do incêndio um grupo de pessoas deixou o local em disparada. Ordenei meus ajudantes que os perseguissem com o veículo enquanto eu tentaria recuperar qualquer indício de dentro do galpão antes que tudo fosse perdido pelas chamas. Sabia que estariam ali as pistas para não só fechar de uma vez aquele caso, mas também para evitar que ele se repetisse. Não levei minha arma, que poderia reagir com o calor e explodir enquanto no próprio coldre – e rezei para que não houvesse nada a temer naquele inferno senão o fogo em si.

Atravessei a porta. Eu estava em uma sala que ocupava metade do galpão, medindo algo em torno de dez por cinco metros. Havia alguns móveis e mais adiante várias caixas já tomadas pelo fogo. Olhei para os meus pés; o chão era coberto por desenhos tão exóticos quanto os que haviam no diário. Junto a eles estavam dispostas inúmeras fotos. Ajoelhei-me para vê-las melhor. Pude reconhecer algumas sendo de vítimas quando ainda vivas; as que não reconheci deveriam ser das que seriam mortas se o assassino não houvesse encontrado seu fim naquele estacionamento de supermercado.

Em um dos extremos do galpão o fogo já subia à altura dos pilares que sustentavam o teto, fazendo-o tremer. Caminhei em direção ao outro lado, o corpo próximo à parede, onde estaria mais seguro das chamas. Aproximei-me de uma espécie de escrivaninha antiga. Olhei ao redor, para assegurar-me de que o fogo ainda estava distante o suficiente. Abri as gavetas e retirei o que havia nelas sem selecionar, guardando papéis e pequenos objetos nos bolsos internos de meu paletó.

Foi nesse instante que o cheiro de carne queimada começou a se fazer presente. Dado o instinto de preservação, meu primeiro pensamento foi olhar para meu corpo, temendo que já estivesse sendo atingido pelo fogo. Mas a fumaça que trazia tal odor vinha de uma sala adjacente, que ficava atrás das caixas já em cinzas.

Arranquei uma cortina de uma das janelas e me cobri; passei pelas caixas, que pude ver que continham objetos em madeira e pedra e, embora os primeiros já estivessem danificados, acreditei que poderíamos recolher os segundos após o incêndio ser controlado. Após a chegada dos bombeiros fotografaríamos cada um dos desenhos, recolheríamos as fotos remanescentes, estudaríamos cada pequena estátua e assim os pontos finais de nosso caso seriam ligados. Eu estava certo de que as provas remanescentes bastariam para dar-nos todas as explicações.

Passei pelas caixas, a cortina não apenas protegendo meus cabelos, mas também me guardando do calor que subia cada vez mais. Olhei rapidamente para trás para ver que a escrivaninha já ardia em chamas. No outro lado, os pilares começavam a cair. Voltei minha atenção ao lugar de onde o cheiro de carne queimada provinha. Chutei com força a porta interna, imaginando que poderia encontrar mais cadáveres esquartejados ali.

Ajoelhado no chão, as roupas tomadas pelo fogo, havia um homem. Esforçava-se em apagar os sinistros desenhos, esfregando as próprias unhas contra o cimento, mais sujando a tinta com sangue do que propriamente eliminando-a. Por um instante permaneci a observá-lo, imóvel, admirado com tamanha força de vontade: seus cabelos já haviam sido devorados pelas chamas, suas roupas ardiam em labaredas, sua pele parecia derreter, e mesmo assim ele continuava esfregando no chão aquelas mãos em carne viva.

Soube, naquele instante, que a morte do Sr. Nelson havia sido planejada, e o grupo que vimos fugindo do galpão seria o responsável pelo seu assassinato e pela destruição das últimas provas remanescentes. Deveriam estar naquele galpão há dias, eliminando cada resquício minuciosamente; ao perceberem nossa chegada acionaram um dispositivo de emergência. Joguei a cortina que carregava sobre o homem, o peso dela bastando para derrubá-lo. Quando me assegurei que o fogo estava controlado, retirei o tecido; ele estava tomado por queimaduras irreversíveis. Tentei falar com ele, mas ele mantinha seus olhos fixos em algum ponto do vazio ao meu redor. Implorei por sua ajuda. Enfim a dor em seu corpo foi notada, e ele curvou-se em agonia, dando um urro abafado, contundente. Imagino que o menor grão de areia encostando em seus ferimentos devia-lhe causar uma dor imensa.

E quão grande foi meu espanto quando ele, apesar de tudo isso, arrastou-se alguns centímetros à frente e voltou a esfregar as mãos no chão duro, dominado pelo seu incompreensível propósito. Naquele instante, tendo diante de mim sacrifício tão horrendo, comecei a olhar em volta, encarar as paredes, a fumaça que subia; parecia-me que havia algo mágico ao meu redor. Talvez anos de ceticismo tenham encontrado seu limite, com todas as crenças religiosas que havia abandonada na adolescência voltando de uma só vez: pensei nos anjos que nos protegem, nas aparições de Maria, nos milagres dos santos, na transubstanciação da carne, na simples fé de ajoelhar-se, rezar e ver o pedido realizado; em tantas crenças sem base racional que perduram em nossa sociedade a despeito de evoluções morais e tecnológicas; em objetos triviais como enfeites de plástico e águas benzidas cujo toque é capaz de curar doenças; e, acima de tudo, no desejo que lógica alguma pode erradicar de nossa alma, de que exista um paraíso esperando por nós, onde estão nossos entes mais queridos e a felicidade eterna. As estrelas desenhadas, os deuses terríveis, os sacrifícios de sangue, que pouca diferença para as crenças mais usuais; talvez seja preciso apenas acreditar mais na existência do mal do que do bem. Enquanto isso passava pela minha cabeça, o fanático continuava fazendo aquilo que era o seu trabalho mais sagrado; e quem, após anos acreditando estar ingerindo Cristo por intermédio de uma hóstia, bebendo seu sangue pelo vinho, poderia, vendo a que ponto a crença pode levar um homem, deixar de acreditar, nem que apenas momentaneamente, na existência de criaturas superiores que poderiam vir à Terra se convocadas a partir de sacrifícios específicos. Criaturas que trariam à destruição a sociedade tal como a conhecemos, que viveriam de "sangue e enxofre", como escrito naquele terrível diário. Olhei lacrimejante para o homem que dera sua vida para apagar os rastros daquele sociopata; jazia ao chão, sem forças para se mover. Sabendo que ele não sobreviveria por muito mais tempo, dominado pela insanidade, perguntei-lhe se seria meu dever continuar seu trabalho, se deveria eliminar daquele planeta qualquer evidência do que estava sendo planejado contra a humanidade. Ele esboçou uma resposta entre um gemido e outro, mas, no fim, não possuía forças sequer para falar.

Como se tomado por um ímpeto maior que meu bom-senso, levantei-me e comecei a tirar de meu paletó as folhas que havia guardado, jogando-as ao fogo que se aproximava cada vez mais de nós. Recolhi das cinzas os artefatos de pedra e, batendo-os com toda força no chão, comecei a danificá-los, a despedaçá-los. Após cada um que quebrava, eu olhava para o homem, perguntando-lhe se aquilo era o bastante, se eu precisaria fazer mais. Pensei no diário amarrado com linhas de pesca, em meios de destruí-lo sem causar desconfiança na delegacia; seria guardado em nossos registros como prova de crime, afinal, onde uma pessoa má-intencionada poderia roubá-lo ou até mesmo comprá-lo, conseguisse a simpatia do responsável pelo arquivo. Recolhi as fotos mais próximas, lançando-as ao fogo; comecei então a esfregar o chão de cimento com um pedaço de madeira, buscando apagar os desenhos, continuando o que havia sido iniciado.

Quando senti mãos me segurarem pelos braços lutei com todas as minhas forças para me desvencilhar delas; chutei o ar, lancei os punhos ao redor, mas só pude sentir-me sendo levado para longe da sala, para longe do homem desfalecido pelas chamas, para fora do galpão. Foram preciso três para me segurar enquanto os bombeiros lançavam os jatos de água em direção ao edifício.

Uma ambulância chegou. Injetaram-me algum remédio que me fez perder todo o ânimo, e cai ao chão como se meu corpo estivesse vazio. Ainda pude observar o fogo sendo apagado, a maca que trazia o homem desfigurado pelas chamas, ouvir meus companheiros dizendo que capturaram todo o grupo que ateara fogo ao galpão. Imaginei que os jornais logo estariam ali, batendo fotos dos desenhos do chão, buscando entre as cinzas restos de documentos, que mais dia menos dia um louco pagaria para o responsável pelo almoxarifado uma quantia qualquer e que leria o diário do assassino. Quais eram as chances de alguém decidir continuar aqueles rituais, matar mais quatorze pessoas, finalizar a estrela de vinte e três pontas? Poderia acontecer muito antes do esperado, bastaria matar alguns inocentes, espalhar seus órgãos sobre uma complexa estrela desenhada com giz, tinta, areia, qualquer coisa. Cada morte seria uma a menos até que o céu se abrisse e o caos chovesse sobre nós.

Olhei ao meu redor. Enfermeiras tratavam de meus ferimentos. Eu possuía queimaduras em todo o corpo. Enquanto destruía as evidências nem sequer as havia notado. Adiante, o camburão onde o culto estava preso. Vestiam as mesmas roupas, uma espécie de sobretudo cinza com capuz. Atrás do vidro blindado, eles pareciam uma mesma pessoa repetida, as mesmas faces dissimuladas, os mesmos olhares determinados e doentios. Coberto de fuligem, enfraquecido, não pude evitar sentir pena deles.

Ainda atrapalhado com meus movimentos, passei a mão pelo meu estômago e percebi algo em um dos bolsos internos de meu paletó. Retirei-o rapidamente, temendo que fosse algo importante que havia escapado das chamas. Tentei me levantar, certo de que precisava destruir aquilo – nada poderia restar daquela insanidade, nada. Tomado pelo efeito dos remédios, consegui apenas erguer-me e esboçar um passo à frente; sem força nos músculos, cai face ao chão. Girei-me de lado, resistindo à dor que me atingia. Levei uma mão ao rosto, sentindo o sangue que me deixava os lábios e o nariz, sentindo as feridas em minha face. Na outra mão ainda segurava com força a prova que restara; levantei-a diante de meus olhos.

Eu segurava uma folha em branco.

E foi quando enfim compreendi que os inicialmente fantasiosos "poderes superiores" realmente existiam, não neste mundo físico, não em um suposto plano paralelo, em lugar algum senão nas mentes que neles acreditavam; e que eu mesmo havia dado-lhes vida naquela noite quando, ao ver em agonia extrema um homem, e acreditando que essa agonia era sincera e não fruto da loucura, meu entendimento de mundo foi alterado. Foi a primeira noite em que passei a desconfiar de cada astro no céu, a olhar para os calendários com estranheza, a acreditar que um símbolo simplesmente difícil de ser desenhado seria uma porta para um mundo de infinito sofrimento, útil para que possamos enxergar com mais simpatia as limitadas e reais dores que existem aqui.

Bruxelas

Conheci H. em meu primeiro dia na universidade. Da turma de matemática daquele ano era ele o mais promissor dos alunos, tendo aparentemente uma aptidão natural para compreender os mais complexos teoremas. Não existia professor que não acreditasse haver um futuro brilhante lhe esperando. Em contrapartida, era solitário e taciturno; não era fácil tornar-se seu amigo. Mesmo assim, seja por acaso ou destino, como pegávamos diariamente a mesma linha de ônibus, nossa aproximação foi inevitável – não apenas por carregarmos os mesmo livros, mas também por sermos amantes da música, tanto que gastávamos qualquer dinheiro que passava por nossas mãos em CDs, além de podermos conversar por horas sem nos entediarmos um com outro.

Ademais, nossas personalidades possuíam características mais profundas que serviram de liga para nossa amizade: se por um lado H. falava pouco, geralmente mantendo o olhar distante enquanto escutava o que lhe era dito, considerando cada resposta que dava – para resumir na maior parte das vezes por não mais que um resmungo ou um balançar de cabeça –, eu tinha como hábito falar desenfreadamente. Era capaz de fazer uma pergunta e, antes mesmo de tê-la respondido, já fazer outra e outra; nunca foi fácil encontrar quem suportasse me ouvir. Mas o que me afastava dos demais mostrou-se positivo em relação a H.; para ele era novidade alguém que continuasse interessado em conversar, mesmo recebendo respostas tão sucintas que chegavam a assemelhar-se ao desprezo.

Com seu silêncio, era capaz de ofender sem reconhecer a ofensa, algo em que eu mesmo, agindo no extremo oposto, era hábil. Confesso que sempre fui daqueles que, como dizem comumente, falam antes de pensar. Misturadas na torrente de palavras que me agradava despejar sobre qualquer um, havia algumas por demais duras, comentários ácidos, críticas que saíam facilmente de minha boca sem serem medidas, atingindo alvos os quais muitas vezes eu sequer havia mirado. Mesmo H., monossilábico, não se mantinha impassível diante disso, embora sua reação fosse como a de um pássaro que, ao ver-se livre, retorna à jaula: várias vezes acontecia de eu me perder em solilóquios, até perceber que ele estava com o olhar distante, turvo, cutucando as espinhas que possuía no rosto, estralando os dedos. Recapitulando minha linha de raciocínio, eu relembrava que havia dito em certo momento algo contra algum músico, tal banda estava em decadência, o último CD que meu amigo havia me emprestado não era bom, algo dito facilmente, sem reflexão, e isso o entristecia. Um comentário, e eu era capaz de fechá-lo como a uma armadilha; ele não falava mais uma palavra sequer, lançava o olhar para longe, tentando achar novamente aquele refúgio dentro de si onde estava seguro de qualquer oposição. Esse silêncio, por sua vez, também me irritava, e eu não retirava minhas palavras; calava-me como se houvesse vencido uma batalha imaginária. Separávamo-nos com espíritos ruins, até o dia seguinte quando, cumprimentando-nos na ida à universidade, tudo parecia estar de volta ao seu lugar, quando a *Hupokrisis* voltava a se afinar com o *Huperkrites*.

Em relação à vida acadêmica, após um estimulante primeiro ano (no qual o simples fato de eu estar em uma universidade bastava), o interesse e a qualidade de meus estudos não foram suficientes para me manter no caminho ao diploma. Descobri em mim uma grande falta de aptidão para as ciências exatas. Eu era incapaz de ser aprovado na maioria das matérias. No início do terceiro ano, julguei melhor cancelar o curso, logo estando com um novo guia de cursos à minha frente, uma dívida ainda maior com meus pais – há anos prometia que conseguiria um emprego, ajudaria nas contas, sairia de casa – e um sentimento de fracasso pelos cursos que frequentei, nos quais me esforcei e que acabaram como nada mais que nomes em um histórico escolar, pelos livros cujo destino foram as estantes dos sebos. Minhas preocupações na época começavam a sobrepujar a confiança que eu possuía em mim mesmo, causando-me irritações e uma constante apatia. Tinha 19 anos e tudo parecia exigir decisões imediatas, como se não pudesse continuar envelhecendo sem um ponto fixo ao qual me dirigir. Precisava encontrar algum rumo para minha vida, a ausência de direção fazendo-me sentir como se flutuasse no vazio.

Nessa época supus que minha convivência com H. fosse arrefecer. Coleguismos são criados e desfeitos facilmente, enquanto verdadeiras amizades surgem em raras ocasiões. Apesar de gostar dele, não estava certo se não era apenas a convivência na universidade que nos unia realmente – eu, com minhas novas preocupações, não teria tempo de dar-lhe atenção. Mas, embora tenhamos passado a não nos ver com tanta frequência, vim a descobrir a importância de uma mão amiga em momentos de dificuldade. Sem o peso do curso nos envolvendo, nossa relação acabou melhorando. Antes voltávamos para casa com a mesma linha de ônibus, conversando em algum momento sobre matérias, professores, as dificuldades da vida de estudante, o que criava uma rotina; agora, vendo-nos a cada duas, três semanas, valorizávamos o tempo juntos, quando eu podia deixar estudos e carreira de lado e concentrar-me em boas conversas. Mesmo ele, taciturno nos anos em que dividíamos a mesma sala de aula, falava mais, parecia mais alegre, embora ainda se irritasse com qualquer crítica desferida contra algo de que gostasse e continuasse machucando seu rosto como defesa. Mas o tempo tornou isso uma peculiaridade curiosa e não algo que me causasse preocupações.

Vim a saber, com o passar do tempo, que minha desistência, embora não o tenha surpreendido – sabendo de minhas capacidades, confessou que esperava por isso mais cedo ou mais tarde – teve certo impacto sobre ele. Enquanto eu possuía amigos além das paredes daquela instituição, para o talentoso estudante eu era a única pessoa com quem conversar. Comecei a ponderar que isso talvez explicasse o silêncio que o afastava de minhas críticas. Ao mesmo tempo em que precisava suportar tudo para não se ver sozinho, talvez pensasse que, se retrucasse no mesmo nível, poria em risco nossa amizade. Sofrendo pelo que ouvia, julgava que eu também sofreria se ouvisse suas contestações e, como bom companheiro, preferia engolir as farpas lançadas por mim. Não nego ter-me sentido tocado com isso; apesar do fardo que acreditava estar carregando por ser tão importante para alguém, era bom saber que, mesmo a passos tortos, fui capaz de criar uma duradoura amizade. Em muitos momentos, precisava reconhecer que aquela pessoa era alguém que vivia dentro de meu coração.

Nessa época, outra questão além de meu destino profissional ocupava meus pensamentos. Uma de minhas avós era belga de nascença, havia se mudado para o Brasil junto com a família quando era criança. Teve vários empregos até surgir a oportunidade de tornar-se funcionária pública e preencher uma das vagas que se abriam para as mais diversas áreas governamentais. Mas foi preciso um sacrifício: não podendo ser admitida como estrangeira, perdeu sua nacionalidade original para adquirir a brasileira. Era início dos anos 50 e não havia outra opção. E o documento que a tornou cidadã da República Federativa do Brasil, sua alforria, para mim eram barras de cadeia que apenas me permitiam vislumbrar o que há do lado de fora, sem poder participar! Pois essa escolha impossibilitava seus descendentes de serem belgas, como o sangue indica, e com isso terem todas as vantagens inerentes à dupla cidadania. Morar na Europa, poder trabalhar recebendo o salário legal, saúde e educação gratuitas, direitos que eu bem deveria possuir, mas não podia.

Assim que assumi a maturidade, sendo capaz de agir conforme meus interesses sem passar pelo crivo de meus pais, fiz pesquisas e contatei todos os canais possíveis para buscar reverter essa situação. Em dado momento, cheguei a tentar a sorte com o registro federal de estrangeiros, sob a alegação de que não me restava um documento sequer da minha avó. Com isso poderia conseguir alguma declaração de que não era possível provar que ela havia se naturalizado, doravante precisaria ser considerada belga. Mas não demoraram a encontrar sua certidão de casamento, e nela estava escrito que votava – indicando que era brasileira, se não de nascença, ao menos legalmente. Cheguei também a conhecer cada empregado dos consulados belgas que havia pelo Brasil, buscando encontrar alguém com soluções. Nada adiantou. Estivesse minha avó viva, poderia retomar a cidadania belga; ou se pelo menos tivessem meus pais se preocupado com isso ao invés de gastarem décadas de suas vidas deliciando-se com as pequenas perturbações de uma vida de classe média. Eles, e escrevo isso com ódio, quando ainda estavam com ela nada fizeram. Se tivesse nascido alguns anos antes, alcançado a maioridade com ela ainda entre nós, toda minha vida teria seguido um rumo muito diverso.

O destino, porém, reservava-me mais algumas surpresas. Eu havia começado o curso de Direito, desta vez causando grande dor em meus pais, pois fui apenas aprovado no vestibular de uma universidade particular; terminei o primeiro ano enquanto H. completava sua graduação. Para mim era certo que ele faria mestrado ou, visto seus talentos, iria direto para o doutorado em São Paulo ou no Rio de Janeiro; e não nego que meu coração saiu pela boca quando ele me informou que estava se mudando para a Bélgica para continuar seus estudos! De um lado fazia sentido, visto que lá poderia desenvolver melhor suas capacidades – com tanto talento e dedicação, não é atípico que tenha sido convidado pelos professores de lá a fazer parte daquela universidade, aumentando ainda mais o prestígio da instituição. Mas ter sido a Universidade de Bruxelas que o escolhera, isso me pareciam risadas me acompanhando em meu caminho à desgraça. De todos os países do mundo, das tantas universidades na França, Inglaterra, Estados Unidos, a que tomou conhecimento de H. foi a de um país pequeno, pouco lembrado, de certa maneira parecendo saber que o melhor amigo daquele aluno era um cidadão belga se não em direito, em fato, que não poderia jamais trabalhar naquelas terras sem que isso o levasse à extradição!

Senti vontade de rasgar os papéis de nacionalização de minha avó em pedaços, deixar para trás essa porta que me foi fechada, seguir minha vida da maneira como era possível. Mas havia esperança em mim, por mais tênue que fosse, e deixei o documento na cabeceira da minha cama, onde poderia me assombrar aos pouquinhos, toda vez que eu precisasse buscar alguma coisa em uma daquelas gavetas. Um fantasma, digamos, que eu esperava com o uso tornar bem pequeno, capaz de segurar na palma da mão.

H. acabou viajando de encontro ao seu futuro e mantivemos desde então contato por e-mail. Em um deles explicou-me que na Bélgica não havia um mestrado como no Brasil, estava fazendo algumas matérias de adaptação para equivaler os currículos, e em meio ano estaria começando o doutorado. Sua linha de pesquisa interessou vários tutores, e ele pôde escolher o melhor de todos para orientá-lo. Sua vida parecia ainda mais promissora que antes. Claro que jamais o vi como possível professor, dada sua timidez e isolamento; mas, para um pesquisador, já possuía um número mínimo de excentricidades para se confundir com alguns de meus antigos mestres de matemática.

Bastaram alguns meses, quando esteve vivendo em uma casa de estudantes, para que, novamente graças ao seu talento, conseguisse um estágio na universidade como auxiliar de um professor. Decidiu alugar um apartamento para si, descrevendo-o com bons adjetivos: dois quartos, mobiliado, com calefação, bem localizado, em uma rua tranquila, mas próxima do comércio e, principalmente, com um aluguel justo. Ele não deixou de apontar sua mudança como algo positivo para mim: agora tudo era favorável para que eu o visitasse, o que seria difícil se ele ainda vivesse com outros estudantes. Certamente era algo que eu desejava, naquela época mais como um distante sonho do que uma possibilidade factual. Ainda dependia de meus pais para viver, a simples ideia disso bastando para entristecer-me.

Porém, conforme os meses passavam, mais sentia um estranho impulso de viajar, como se disso dependesse conhecer a mim mesmo, entender minha posição no mundo. Escutava as histórias contadas pelo meu amigo, via em guias turísticos e livros de história fotos da Bélgica, de noite em minha cama era capaz de fechar os olhos e sentir minha alma naquela distante terra, enquanto meu pobre corpo estava ancorado no mesmo quarto de sempre. Vagava por canais e rios, entrava em construções ancestrais, conversava com os nativos em sua própria língua como se fosse um deles; e quanta apatia me preenchia quando voltava a sentir os lençóis sobre minha pele, a inspirar não mais os odores da Europa, mas de meu próprio suor e, abrindo meus olhos, mergulhar novamente na mesma profunda escuridão diária. Foi inevitável, assim, que eu tomasse em algum momento uma decisão irredutível, nem que apenas para assegurar minha *joie de vivre*: eu conheceria a terra dos meus ancestrais de qualquer maneira, demorasse o que fosse preciso.

Mesmo não esperando de fato uma ajuda, arrisquei-me e disse – ou melhor, anunciei – isso aos meus pais, sob o pretexto de que precisava visitar meu amigo. Argumentei que ele era uma pessoa muito solitária e precisaria de ajuda para adaptar-se àquele novo país. Ele, apontei, nada conhecia ou tinha de relação com a Bélgica, enquanto eu tinha o país em meu sangue. Como esperava, disseram que não poderiam me ajudar muito com os custos da viagem, pois pagar meus estudos já desviava boa parte da renda familiar.

Irritado com a atitude deles, declarei com sobriedade para não se preocuparem com nada. Eu mesmo pagaria cada centavo da viagem. Considerei ser melhor assim, para que minhas dívidas não aumentassem ainda mais. Sabia bem que, se aceitasse o dinheiro deles, ouviria-os reclamar e exagerar a situação econômica da família até o fim dos tempos. Preferi agir por conta própria e adquirir a quantia necessária com minhas próprias mãos. Consegui um estágio em um departamento da prefeitura de Curitiba que tratava de ações judiciais feitas contra funcionários públicos e, no fim de ano, durante os recessos do funcionalismo, como vendedor em uma loja de um shopping. Além disso, quando não podia comer em casa, almoçava no detestável restaurante da universidade, por exemplo, além de proibir-me de comprar CDs ou livros com o intuito de economizar. Foi um pouco exagerado e custaram-me boas dores de barriga. Infelizmente, recebi como herança não só uma identidade belga sem valor, como uma maneira muito desagradável de conviver com minhas posses. Mas o esforço pagou-se e, empenhando-me para guardar a maior quantia possível de dinheiro, reduzindo meus gastos, no início de meu segundo ano de graduação já pude comprar as passagens sem ajuda alguma. Viajaria em julho e ficaria com meu amigo por três semanas, durante as férias da universidade.

Os meses estenderam-se e parecia que nunca chegaria o dia do embarque. Felizmente o curso de Direito estava me agradando e já não compreendia mais como diabos o mundo poderia tirar proveito de mim se tivesse escolhido a carreira de matemático. Não possuía talento para o assunto e, mais importante, nada daquilo me agradava. Nos momentos de culpa, afinal foram anos perdidos, tentava me consolar dizendo que pelo menos para uma coisa me serviram todos aqueles números e equações: conhecer H.. Pode soar romantizado, mas a própria oportunidade de visitar a Europa – se não fosse alguém ter um lugar onde eu pudesse dormir e comer, sendo preciso pagar hotéis e alimentação, talvez jamais viajasse – apenas justificava ainda mais essa desculpa teleológica.

Não me recordo muito da viagem de avião, pois havia tomado alguns comprimidos que me fizeram dormir durante quase todo o trajeto. Como a agência de viagens havia me informado previamente, não havendo voos diretos à Bélgica, eu desembarcaria na Holanda, de onde poderia tomar o trem para Bruxelas. Recordo-me carregando minha mochila pelas plataformas, olhando para os lados, até ver meu amigo acenando feliz. Como fiquei contente por estarmos novamente na presença um do outro! Após nos abraçarmos, pude olhá-lo com atenção. Embora tenha mudado pouco na aparência – estava começando a ficar calvo e possuía uma barba fina, além de ter começado a usar óculos – parecia, aos meus olhos, muito mais que alguém que eu conhecera há meros três anos: parecia um irmão. Enquanto seguíamos à sua casa admirei quão assustadora era a distância de tempo que passamos sem nos ver. Falávamos sobre discos e filmes, como habitual, eu esforçando-me para ignorar o esforço que foi necessário para encontrarmo-nos novamente; e o fato de que, infelizmente, em breve estaríamos novamente separados. E quanto tempo até nos reencontrarmos? Apesar de gostar tanto de H., levaria pelo menos um ano e meio trabalhando duro até poder pagar outra viagem de duas semanas e meia. Algumas ideias de mudar para a Europa despontavam, mas dado o curso de Direito que, como resposta aos meus pais, eu precisava concluir, eu ainda não possuía fundamentos adequados para considerar seriamente essa possibilidade.

Como ele havia me dito antes, a região da cidade onde vivia era de fato ótima e mesmo os primeiros edifícios que enxerguei logo que deixamos a estação de metrô foi o bastante para me encantar. Da estação até sua casa eram três quadras de distância, e cada loja e residência que passávamos atraíam minha atenção. Sentia-me andando em um sonho. Tudo era muito agradável, com construções que mantinham uma estética semelhante entre si, ao contrário do que eu estava acostumado no Brasil, onde cada edifício possuía tamanho e cor únicos, formando um carnaval arquitetônico. Os postes de luz estavam no subsolo, o que para mim pareceu algo sensato e admirável; é grande a diferença entre olhar para o alto em uma rua assim e em uma com um emaranhando de fios sobre sua cabeça, com um poste para se desviar a cada dez passos. Tudo era muito límpido e pacífico.

Mas as impressões positivas não duraram.

Adentramos a porta principal do edifício onde ficava o apartamento de H.. Era uma construção de quatro andares, sendo a metade do primeiro abaixo do nível da rua. E esse era o andar onde meu amigo morava. Havia uma porta de pouco mais de um metro e meio de altura no início do corredor. Passava-se por ela e, após um lance curto de escadas, lá estava. Não coincidia com o lugar acolhedor que meu amigo costumava pintar em nossas trocas de e-mail. Não havia dois quartos ou mesmo uma sala; apenas um largo corredor com duas divisórias: a primeira separava os dois "quartos"; a segunda, um "quarto" da cozinha. Os aposentos eram bastante desorganizados. No primeiro, espalhados no chão e sobre uma cama e uma mesa, havia livros, fotos e peças de roupa que não coincidiam em nada com meu amigo; aconteceu dele ter alugado aquele aposento para outro estudante que, devido a problemas com a imigração, precisou deixar suas coisas para trás. Passara não mais que dois meses ali. H. mantinha tudo da forma como havia sido deixado, argumentando que o inquilino poderia voltar a qualquer momento. Pareceu-me algo muito peculiar, e desconfiei que a presença imaginária de um companheiro de morada o ajudava a enfrentar a solidão que, percebi, ainda o rodeava, fosse o país que fosse.

O segundo aposento era onde ele dormia. Havia alguns CDs e livros sobre uma mesa, mas em contraste com o quarto anterior, estava organizado a ponto de parecer vazio. Uma grande parte dele era ocupada por um antiquado aquecedor a gás, que me pareceu no momento desgastado e inseguro, por uma cama e por um balcão no qual suas roupas deviam estar guardadas; e mais nada. A cozinha era simples, com uma placa elétrica, uma geladeira pequena, um aquecedor de água, uma mesa com três cadeiras e um armário para a louça. Em seguida, havia um desvio para a esquerda que levava a duas portas: a sala de banho era separada do banheiro. Enquanto este era pequeno, a sala de banho era exageradamente grande: a banheira ficava em um canto, próxima a algumas prateleiras longas que sustentavam alguns produtos de limpeza, ao lado uma pia e depois um longo espaço desocupado que, a meu ver, deveria tornar o lugar muito frio no inverno. No desvio que levava ao toalete, havia ainda uma escada que seguia aos fundos do edifício, interrompida por uma porta de vidro, mas esta estava trancada pelo lado de fora e todos os vidros cobertos por tinta preta. O jardim pertencia ao morador do andar acima e estava acordado que não deveria ser usado por H..

Os móveis, que vieram inclusos no aluguel, estavam todos depreciados. O sofá, as camas – ambas de solteiro –, os aparelhos elétricos, as instalações do gás, as mesas e armários pareciam capazes de quebrar ao mero toque. Os tapetes já não possuíam nenhuma maciez e o piso da cozinha e banheiro era tão sujo que não parecia ser possível sequer tirar as manchas que o encardiam. Acontece de visitarmos residências cujos móveis parecem não apenas combinar com o dono, mas até emanar dele; aquela pessoa com aqueles objetos, algo que não poderia ser de outra forma. Esses que eu enxergava, porém, transmitiam uma sensação de desprezo, de inferioridade, como se não se importassem com sua função ou com quem os usasse.

Mas, acima de tudo, o que causava maior mal-estar era a forte e constante umidade que transpirava de cada tecido, de cada poro do chão. Não estava um dia quente, mas a diferença entre a rua e aquele lugar era marcante. O ar ao meu redor parecia vivo. E o que fazer? Havia apenas uma janela no primeiro aposento, tão baixa que apenas quando o sol estava em seu ponto máximo alguns raios entravam – e nenhuma outra ventilação. Mesmo a porta que levava ao pátio, por onde o sol poderia bater, havia sido coberta de tinta. Provavelmente aqueles banheiros e aquela cozinha jamais haviam sido tocados pela luz solar. E os móveis, o piso, embora pudessem ser trocados por outros, acredito que em pouco tempo seriam da mesma forma afetados pela umidade, tornando-se gastos, inóspitos.

Quanto mais atenção prestava, mais sentia o efeito do que poderia ser sintoma de um marcante isolamento emocional de meu amigo. Perdi-me por alguns instantes em considerações. Qual seria a origem de seus problemas? Qualquer possibilidade que eu tomasse como partida acabava levando ao mesmo ponto: uma infância triste e, por consequência, o caráter de seus pais. Não os conhecia; assim pude imaginá-los com as piores cores (talvez usando um pouco do que eu conhecia dos meus). Tamborilava os dedos na mesa, passava os olhos ao redor: os papéis de parede que decoravam os aposentos descolavam; as longas prateleiras do banheiro estavam mofadas;

o lençol da cama que seria usada por mim, apesar do cheiro de sabão em pó, tinha a viscosidade de algo que foi usado interruptamente meses a fio; não havia um canto de parede sem uma teia e sua aranha. Precisei concentrar minha atenção na coleção de CDs de meu amigo e perguntar-lhe qualquer questão que passasse por minha cabeça para não vislumbrar as semanas que passaria ali como uma penitência.

Usando como desculpa o pouco tempo que passaria na Europa, convenci-o a me levar ao centro da cidade. Apenas abrir a porta que levava para a rua bastou para o contentamento voltar a preencher-me. Caminhamos pelas belas ruas sem postes, adornadas por construções simétricas e similares, e mais que tudo banhados por sol e vento.

Na estação de metrô deparei-me com uma novidade: embora houvéssemos pagado o trem que nos trouxe do aeroporto, e no caminho termos nossos tickets conferidos por um fiscal, não apenas na estação não havia roleta de entrada ou qualquer responsável, sendo os bilhetes comprados de máquinas, como, de acordo com meu amigo, a chance de haver qualquer fiscalização no metrô era rara. Preocupado, levei-o até uma parte afastada da estação, onde poderíamos discutir melhor. Disse-me que a maioria das pessoas que ele conhecia não pagava. Apesar dos fiscais serem poucos eles existem, lancei, e pelo que eu havia ouvido em algum lugar a multa era pesada – aproximadamente cem euros para a primeira infração, aumentando gradativamente até que o infrator poderia vir mesmo a ser preso por inadimplência. Aos meus olhos, parecia um risco grande demais para não pagar o preço de um bilhete, ainda mais para meu companheiro, que morava ali, sem poder usar a famosa desculpa da ignorância do turista. Com minhas emoções divididas, a alegria da insignificante economia que estaríamos fazendo, além de certo enfrentamento dos padrões governamentais, a lógica de que era melhor prevenir do que remediar foi derrotada, e acabei descendo as escadas que levavam ao embarque carregando as mesmas moedas com que havia entrado na estação.

A cada parada atingia-me o medo de ser pego em nosso pequeno crime. Eu não compreendia a língua francesa e aterrorizava-me mais que ser multado a possibilidade de me ver mudo diante de uma dívida. Recordava que não estava só, havia um amigo ao meu lado que me ajudaria no que precisasse; mas se estivesse sozinho, pensei, não haveria valor que me impediria de pagar pela viagem. Dependeria tanto de H. nos próximos dias que havia sido facilmente persuadido, considerei. Ao descermos no centro da capital percebi que passara todo o tempo no metrô calado, culpando-me por não ter, nos meses que precederam a viagem, aprendido pelo menos as frases mais simples do francês.

Seguimos até a *Grand-Place*, provavelmente o símbolo mais característico da cidade. O lugar fazia jus ao nome; faltando-me adjetivos apropriados, creio que mais fácil seria transcrever as palavras encontradas em meu bom guia turístico: "Rodeada de construções memoráveis, é uma localização suntuosa para o turista iniciar seu encantamento com o inesquecível espetáculo de Bruxelas. A quadra, fruto de ideais de harmonia e beleza na qual a era moderna há muito esqueceu, é rodeada por edifícios no estilo renascentista, onde cada detalhe é fruto de uma busca por símbolos de esplendor, resultando em um santuário das artes e da riqueza do passado desse povo singular". Como adendo, coloco que o ataque feito por tamanha perfeição nestes olhos acostumados à vida comum foi o suficiente para deixar-me tonto. Foi preciso sentar-me em um banco para recobrar-me, esperando que meu cérebro compreendesse aquele novo patamar ao qual a beleza veria-se a partir de então submetida.

A quantidade de turistas era enorme, e todo o comércio ao redor era destinado a eles. Após recobrar-me, entramos em algumas lojas, das quais eu saía carregando somente algo de pequeno valor, como chaveiros ou postais. Cauteloso, me convenci de que deixaria os gastos mais altos para o final da viagem. Adianto que até hoje vivamente recordo das camisetas que me interessaram, mas que nunca vim a comprar.

Quando me dei por satisfeito de tanto desejar *souvenirs*, decidimos comer. Imaginava, enquanto planejava a viagem no Brasil, que a alimentação seria o menor dos gastos, pois faríamos compras em algum mercado e prepararíamos nossas refeições em casa. Mas sendo ainda meu primeiro dia no exterior, não seria má ideia almoçar fora uma vez. Talvez meu amigo levasse-me a algum lugar conhecido, então – e qual não foi meu espanto quando entramos em um *fast-food*! Eu não estava feliz, não era nada belga, embora fosse barato. Contando a bebida, gastei cinco euros e meio – havíamos passado na frente de restaurantes tradicionais onde uma sequência de pratos com sobremesa era pelo menos o dobro desse valor.

Mas, apesar disso, com essa quantia era certo que compraríamos em um mercado o suficiente para dois dias. H., ao ouvir minhas inquietações, dizia que aquilo era o que estudantes comiam, as porções eram generosas e alimentavam bem, e isso era o mais importante para um jovem, enquanto os outros restaurantes eram apenas fachada. Não consegui evitar lembrar a época em que almoçava diariamente na cantina universitária, uma comida insossa e de baixa qualidade preparada com salitre para que desse, pelo menos, a sensação de satisfação – e de quão barata era. Comecei a perceber semelhanças no modo em que eu e meu amigo tratávamos o dinheiro e, nesses momentos em que o pão-durismo alheio atingia-me como sendo de mau gosto e infantil, questionava-me se minhas desculpas para a economia também não eram igualmente tolas.

Nosso próximo destino foi o museu nacional. Para chegarmos lá, dobramos inúmeras esquinas e chegamos a passar mais de uma vez pelas mesmas ruas, fazendo-me crer que H. não conhecia a cidade e não sabia de fato para onde estava me levando. Não fosse o mapa que eu carregava, teríamos levado o dia e a noite até chegarmos ao nosso destino. Fortuitamente, passamos em frente a um cassino no qual meu amigo, sentindo-se cansado após tanto caminhar, sugeriu que visitássemos. Recusei. Eis um lugar onde fecharia com ainda mais força minha mão; era difícil gastar meu dinheiro para comprar as coisas que queria, quanto mais colocá-lo em risco. Ele buscou convencer-me de todas as maneiras, e o horário veio em minha ajuda; havia lido em meu guia turístico quando o museu fechava e não teríamos tempo se parássemos para jogar.

Deixamos o cassino para trás, no momento eu pensando que era apenas mais um lugar diferente que H. queria me mostrar.

No museu, apesar da maioria das obras de Magritte estarem emprestadas a outras instituições, encantei-me com artistas locais dos quais jamais ouvira falar. Infelizmente não recordo seus nomes para indicá-los aqui. Em seguida, fomos ao museu dos quadrinhos. Embora não houvesse razão para ser diferente, decepcionou-me por ser estrito ao quadrinho belga, do qual eu conhecia apenas as personagens mais famosas. Em uma rua próxima, havia uma estátua de um desses personagens e meu amigo levou-me para vê-la. Queríamos bater uma foto com nós dois juntos, mas eu não sabia como pedir a alguém para nos ajudar; acabamos tirando fotos um do outro.

Por fim, visitamos um bar onde eu seria apresentado às famosas cervejas belgas. Não pude evitar sentir-me triste ao saber que H. até então não saíra de casa sequer uma vez para aproveitar a vida noturna. Um país de bebidas maravilhosas, pensei, mas era inegável ser para alguns impossível considerar a possibilidade de beber sozinho – e era eu para acompanhá-lo e mais ninguém. Quando lhe perguntei sobre seus companheiros de universidade não recebi resposta. Provavelmente não havia um belga que ele conhecesse, mesmo após tanto tempo morando lá, o que me espantou. Perguntei-lhe, à queima-roupa, se era difícil fazer amizades. Quando começou a cutucar seu rosto, espremendo espinhas e arrancando cascas de feridas, imaginei que teríamos uma longa sequência de silêncio, ele não falaria mais comigo até o dia seguinte e nossa noite havia terminado.

Porém, com o álcool subindo à sua cabeça, portas se abriram. Conforme ele, olhos fixos nos meus, respondia minha pergunta com uma torrente de palavras, pronunciando-as sem um momento prévio de reflexão, eu era capaz de ver uma espécie de brilho envolver seu rosto. Lançava sua defesa com a autoridade e sinceridade que apenas o álcool poderia lhe proporcionar e, por mais contraditórias e exageradas que suas afirmações podiam ser, não é de se estranhar que eu, estando também embriagado, tenha concordado exatamente com tudo o que ele dizia. Quem era eu para exigir algo de alguém sozinho em terras distantes, buscando conciliar as exigências do estudo e o aprendizado de uma língua que lhe era nova, com a busca por simpatia de um povo tão distinto do seu, sem nada além de uma esperança incerta sobre o futuro a guiá-lo? O que sabia eu sobre deixar para trás o mundo cotidiano para tentar encontrar uma finalidade para a vida em um lugar tão estrangeiro, tão deslocado?

Afetado pela bebida, não considerei, durante o caminho de volta, o lugar que estaria me esperando. À noite o apartamento era um lugar ainda pior: uma alcova. As lâmpadas eram rodeadas por esquisitas luminárias que interrompiam grande parte da luz, tornando qualquer leitura árdua. Apenas na mesa de estudo havia um abajur que permitia enxergar adequadamente letras em um papel. Apesar de a água ser quente, não havia suporte para a mangueira do chuveiro, uma das mãos sempre ficava ocupada a segurá-la. Além disso, a torneira era de uma espécie comum na Europa, em que uma alavanca é puxada para cima para regular a quantidade de água e para os lados para regular a temperatura. Acontecia de eu esbarrar nela por descuido e interromper ou aumentar em demasiado o fluxo; o pior era quando a alavanca era empurrada até um de seus extremos e a água tornava-se no mesmo instante extremamente quente ou gelada. Enquanto me enxugava notei que, graças a certos desníveis no assoalho, poças acumulavam--se com facilidade, longe do único ralo que havia ali.

A cama lembrava-me do tempo em que eu acampava. A umidade, eis algo curioso: ao contrário da sujeira, que com um pouco de esforço pode ser eliminada, a primeira parece tomar conta de tudo que pertence à casa de maneira irreversível. Os sofás, as camas, mesmo a madeira das mesas e armários pareciam não envoltas em um líquido, tal que bastasse torcer e deixar ao sol por algumas horas para voltar ao estado original, mas como se suas próprias texturas estivessem alteradas. Causava não uma decomposição natural, como a idade, que pode até adicionar beleza a um objeto, mas uma depreciação que recordava doença e corrupção. Mas quando acordei no dia seguinte com a respiração trancada, preferi convencer-me de que acabaria por me acostumar.

Meus planos para economizar com a alimentação tampouco saíram como esperado. De início, meu amigo não sabia cozinhar – no meu segundo dia em sua casa ele tentou preparar algo e o resultado foi intragável. Decidi que eu faria a comida, mas a recepção ao primeiro prato que fiz me fez mudar de ideia. Não que tenha ficado ruim ou H. não tenha gostado, mas por causa do modo como ele comia: apressadamente, segurando com uma das mãos o prato próximo ao rosto, sem em momento algum expressar nada, nem prazer ou desgosto. Se perguntado, respondia que estava bom e nada mais. Faz parte da beleza da culinária o partilhar; senti-me como se preparando um banquete para dar a um cachorro. Após isso, como uma afronta à minha saúde, comemos fora até o dia de minha partida.

Infelizmente, os problemas de uma viagem que tinha tudo para ser ideal não terminaram. Nossas conversas sobre música, que após minha desistência da universidade até então haviam sido prazerosas, voltaram a encontrar terrenos para desavenças. H. sempre manteve um estado de completa submissão ao artista, a ponto de raramente se ver capaz de falar contra qualquer obra que fosse. Provavelmente acreditava que, não sendo um criador, não poderia criticar, mas apenas manter uma estância passiva de admiração ou ignorância. Da minha parte, consideraria pobreza de caráter alguém que não saiba guiar um automóvel, sendo atropelado por um motorista que atravessou o sinal vermelho, perdoar o malfeitor sob o princípio de que as operações necessárias para parar um carro, por lhe serem desconhecidas, não poderiam ser cobradas. Uma música expressa sentimentos, o que todos entendem, cada um a seu grau; ao mesmo tempo, até um leigo que admira música é capaz de perceber onde há verdadeira originalidade e onde há mera cópia. Na pior das hipóteses, qualquer um é apto a julgar as letras dos cantores, que podem passar do magistral ao abismal. Mas seria redundante mostrar ao meu amigo esses pontos ou quaisquer outros que dessem como permissível o julgamento do público à arte, que no final das contas é dirigida ao público sem o qual não existiria; e lá estávamos nós, eu falando incessantemente, ele calado, olhar distante, estralando os dedos e puxando um por um os fios de barba do seu rosto.

Curioso que apenas nos últimos dias de minha estada notei uma característica marcante de Bruxelas: ser uma cidade bilíngue. Com tanto a se notar, não dera atenção ao fato até entrar em algumas lojas onde se falava apenas holandês – ou flamengo, como dizem. Achei engraçado que mesmo as cidades possuíam nomes duplos: Antwerpen, por exemplo, que constava como Anvers nos guias turísticos franceses, ou Liège, que era conhecida pelos habitantes do norte como Luik. Comprei, certo dia, uma revista de variedades e, pelas informações pontuais que li, pude extrair como fato geral certo desejo de separação que alguns partidos e cidadãos desejavam à Bélgica. Enquanto a economia europeia se unia, buscando abranger cada ilha e ducado que fazia parte do continente em uma rede de livre-comércio absoluto, estados, regiões e vilas buscavam seu lugar no mundo vendo-se livre de seus opressores linguísticos e culturais.

A partir de então, ao nos depararmos com algum texto em holandês, era comum ouvir meu amigo culpar-se e dizer que deveria aprender aquele idioma, pois na capital os cidadãos de família holandesa falavam francês, mas os de família francesa não se importavam em aprender a outra língua; mesmo a universidade na qual estudava era totalmente francófona, e por isso não possuía contato com nenhum flamengo; a prefeitura ofertava aulas gratuitas de holandês para adultos iniciantes, mas ele precisava desenvolver melhor o francês antes de mais nada; em suma, uma culpa que ele se esforçava em nunca deixar de sentir. Eu, por minha vez, tentava recordar sobre o que sabia de minha avó. O nome da cidade onde nascera escapava-me naquele momento, embora sua certidão de nascimento estivesse em francês, o que me levava a crer que viera de alguma cidade no sul da Bélgica.

De qualquer forma, passeando por algumas vilas ao norte de Bruxelas, não pude evitar de espantar-me com a arquitetura flamenga. A *Grand-Place* e a riqueza das pinturas no museu de Bruxelas já havia me encantado, de forma que minha admiração por aquele país aumentava a passos largos. Indaguei-me sobre as cidades da Wallonia, e meu amigo, que já havia visitado algumas delas, descreveu-as como industriais e sem atrativos turísticos. Para evitar um julgamento que poderia ser errôneo, em um momento em que me vi só consultei meu fiel guia turístico. Ele corroborava a história contada – apesar de alguns resquícios medievais, cidades como Namur e Charleroi em momento algum eram tão recomendadas ao viajante como Brughe ou Ghent, conclamadas materializações de contos de fadas, Vienas belgas, locais para luas de mel.

De volta ao Brasil, enquanto desfazia minha bagagem, notei a falta de uma calça. Era um jeans de que eu gostava muito, e senti-me triste por tê-lo esquecido em Bruxelas – imediatamente escrevi um e-mail para meu amigo, perguntando sobre a peça. Enquanto aguardava apreensivo a resposta, imaginei que talvez seus pais fossem visitá-lo para as festividades de fim de ano e poderiam trazer a calça de volta ao Brasil; mas a ideia mal teve tempo para se cristalizar. Antes mesmo do primeiro e-mail ser respondido, escrevi um segundo dizendo a H. que a calça não era de fato importante e, caso ele a achasse, que a doasse para algum desfavorecido, alguém que a precisasse mais do que eu.

A verdade é que eu não queria conhecer os pais de meu amigo. Por tudo que eu imaginava – e a imaginação pode muitas vezes colorir de negro uma paisagem meramente cinza – considerava melhor manter certa distância. Tomava minha relação com H. como algo especial e temia que, conhecendo sua família, precisasse ouvir comentários desferidos a alguém que não estaria presente para defender-se. Tive sorte que, nas vezes em que o visitei, passando horas ao seu lado ouvindo música e conversando à vontade, seus pais nunca estavam em casa. É provável que, no caso de trazerem minha calça, bastaria eu recebê-la na porta da entrada para que logo nos despedíssemos. Mas preferi ser prudente. Eles poderiam convidar-me para um café, querendo ouvir particularidades sobre seu filho. Talvez desconfiassem de que ele não estivesse fazendo as coisas como deveria, vivendo em um apartamento precário e alimentando-se mal – alguns pais enxergam seus filhos como eternos anômalos. Demonstrariam assim grande interesse em meus relatos de viagem, esperando alguma confissão mais íntima; e eu, usando meus melhores talentos, precisaria restringir-me a falar somente das qualidades de H., sem mesmo deixar escapar uma piada, pois acontece delas esconderem verdades dolorosas. Se soubessem do estado daquele apartamento, com as paredes e móveis tomados pela umidade! Eu, que passei apenas algumas semanas lá, nem sequer tive coragem de dizer aos meus próprios pais as condições do local, preferindo tratar em meus relatos não do apartamento real, mas de um meramente imaginado: limpo, arrumado, seco. Minha mãe em particular me colocaria em um hospital se soubesse que passei minhas férias dormindo em tal lugar. Obrigaria-me a passar por uma bateria de exames para verificar se alguma sequela teria restado. Mesmo um início de rinite que eu havia adquirido em Bruxelas, precisei esconder o melhor que pude até que o clima de terras mais calorosas pudesse curá-la. Agora, o que não diriam e fariam os pais de alguém não de passagem, mas que mora permanentemente na penumbra, entre aranhas e papéis de parede estragados? Imaginava-me diante deles, calado; em meu silêncio me sentiria maravilhosamente bem, eles não escutariam de minha boca nada, que descobrissem por conta própria. Mas nunca os contatei, repito que a calça não valia ouvir tais afrontas contra alguém de quem eu gostava tanto.

Durante os últimos dias de minhas férias, fixei-me em uma atividade que me exigiu grande esforço: a busca pela certidão de nascimento de minha avó. Não a encontrei, embora pudesse jurar que estava em um arquivo familiar junto aos documentos de meus pais. Talvez eles soubessem de algo, mas conhecendo-os como eu conhecia, o melhor era não perguntar nada e procurar por conta própria. E se pedisse informações sobre aqueles papéis! Podia bem imaginá-los: meu pai diria que não leva a nada viver de sonhos, não havia e nunca haveria chance de eu conseguir uma nacionalidade europeia, e o que eu precisava fazer era abrir os olhos e aprender a ser feliz vivendo com o que estava ao meu alcance; minha mãe diria que sua mãe era tão brasileira quanto possível, amava este país e sua língua, de forma a parecer que eu, buscando resgatar uma linhagem esquecida, estava errado. Apesar de terem feito perguntas de minha viagem – como estava minha saúde, se me alimentei direito, se tomei cuidado com estranhos (parece que ter um amigo ao meu lado não fazia diferença) – eles não pareciam realmente interessados no país que visitei e nas coisas que aprendi vendo-me em cultura tão diferente da nossa. Tudo que busquei contar – as diferenças linguísticas, o estilo de construções, os monumentos, as obras que vi no museu – parecia não suscitar uma gota de interesse neles. Mesmo as fotos que bati não lhes causaram comoção alguma; passaram por elas como se folheassem uma revista que não lhes dissesse respeito. Minhas vivências não lhes importaram; em contrapartida, os chocolates que havia trazido para os presentear foram recebidos de braços abertos.

Por sorte, acabei por encontrar a certidão de nascimento de minha avó, perdida entre documentos esparsos. Eu estava no limiar da esperança, crente de que apenas os papéis confessando sua nacionalização deveriam ser carregados por mim, até o acaso colocá-la em minhas mãos. Estava buscando algo diverso, não recordo o quê, mas o fato é que aquilo que está destinado a acontecer mais dia ou menos dia acaba por realizar-se. De fato, o documento estava escrito em francês como eu supunha, indicando uma cidade há alguns quilômetros ao sul de Bruxelas como sua vila de nascença. Uma pesquisa simples pela internet veio a esclarecer inúmeras dúvidas.

A cidade era historicamente flamenga; mas, no início do século, o francês na Bélgica era muito mais dominante do que hoje, principalmente em um lugar tão próximo da capital. Embora os habitantes mantivessem sua língua no cotidiano, as repartições públicas eram francófonas. Hoje, fazendo parte da grande Bruxelas, a cidade não teve a possibilidade da independência linguística que outras cidades de berço holandês tiveram, tendo de aceitar sua condição bilíngue como cidade dormitório da metrópole.

É certo que essa injustiça não deixou de causar-me grande inquietação. Não bastasse os sacrifícios feitos pela minha avó – inclusive o próprio véu de silêncio que minha família carregava – mesmo em sua terra natal sua herança era e continuava sendo atacada por outra cultura. Ao mesmo tempo, senti-me orgulhoso; o inimigo colocar tantas barreiras à nossa frente é confissão de nossa força. Recordando a arquitetura e os pintores flamengos, era capaz de sentir aquela arte e beleza correndo por entre minhas veias. Conforme os dias passavam, comecei a pesquisar cada vez mais sobre aquele povo, inclusive aprendendo uma ou outra característica da língua holandesa.

Apesar disso, não me via voltando à Europa tão cedo para praticar o idioma. Por melhor que a viagem tivesse sido, por mais bonita que fosse Bruxelas, eu não pensava em revê-la. Visto que chegar lá me custara meses de trabalho, uma segunda visita parecia exagero. Sentia falta de meu amigo, certamente, mas imaginava ser provável que ele viesse mais cedo ou mais tarde ao Brasil. Apesar das suas ocupações acadêmicas, parecia certo que assim que houvesse tempo em sua agenda, viria me visitar. Eu aguardaria calmamente quantos anos fossem preciso até que pudéssemos nos rever. Sentia-me tranquilo em relação a isso, certo de que nossa amizade era tão forte que nem o tempo nem a distância poderiam diminuí-la.

Mas essa amizade, exatamente por causa de sua força, acabou alterando minha convicção de que não voltaria tão cedo à terra de meus antepassados. Por essa época, contra minhas expectativas, algo veio a afetar a vida de H.. Após criarmos certa afinidade com alguém é inevitável que alegrias e tristezas vivenciadas por um sejam partilhadas por outro mesmo quando este não esteja envolvido. Eu sentia orgulho de meu amigo e de seu sucesso na área que havia escolhido para sua vida, a mesma que por alguns anos ludibriou-me e da qual acabei por desistir. Qual foi minha surpresa quando soube que ele estava em dificuldades para fazer jus às exigências da universidade belga! Não conseguia cumprir prazos e corria o risco de perder sua bolsa. Foram alguns e-mails até confessar-me que não conseguia concentrar-se nos estudos e que passava a maior parte do dia ouvindo rádio.

Conforme os meses passavam e meu amigo dizia estar enfrentando cada vez mais dificuldades na universidade, um sentimento de compaixão passou a me dominar. Eu queria estar ao seu lado para ajudá-lo. Ele chegou a pensar em largar a universidade, conseguir um trabalho comum, dividir o apartamento com outras pessoas, e eu, nos e-mails que lhe enviava, não podia mais do que escrever que uma desistência poderia trazer um arrependimento que ele precisaria carregar pelo resto da vida. O diploma estava próximo e seria tolice desistir agora. Pelo menos estivesse eu presente em Bruxelas para colocar uma mão sobre seu ombro, talvez sua motivação pelos estudos voltasse.

Quanto a mim, enfrentava problemas semelhantes. Mantinha até então esperanças de que Direito seria algo do qual faria carreira. Os concursos, os cursos de especialização, tornar-me um advogado, um juiz, podia sonhar com muitas coisas. Os primeiros anos de uma graduação são geralmente ótimos, prometendo um futuro de constante interesse e oportunidades: cada nova matéria parece um caminho que se abre. Apesar de minha desistência posterior, até meu segundo ano em matemática havia disciplinas que me interessavam, e não havia um dia em que eu, baseado em meus parcos conhecimentos, não visualizasse a bela vida que teria após receber o diploma. Mas, da mesma maneira, com Direito muito da magia inicial foi se perdendo. No fim, por mais diferenças que os cursos possuíssem entre si, em ambos inscrevi-me impulsionado por ingenuidades; no último, a conquista de títulos, vencendo centenas de concorrentes imaginários em concursos que me pagariam altos salários. Com essas quimeras, chegava a ser difícil perceber o que eu estava estudando no momento, o que aquilo significava para mim em um contexto mais amplo. Porém havia ainda alguma recompensa, parecia que eu teria uma média final boa, o que jamais consegui em uma matéria de matemática. Isso me permitia afastar um medo que carregava, e de me tornar como algumas pessoas que conheci, mudando de cursos durante anos, adquirindo diplomas que nunca seriam usados, ou mesmo um aluno exemplar na graduação, como foi o caso de H., para deparar-me na pós-graduação com uma falta de interesse que interromperia meu aprendizado.

Em suma, o curso de Direito estava indo razoavelmente bem, e mantinham-me no estágio da prefeitura; mas não me via tão animado com meu futuro como estava meses antes. Mesmo o dinheiro que havia começado a economizar, esperando comprar um apartamento só para mim, começou a confundir-me, dividindo-me entre a vontade de ver novamente meu amigo e de não precisar mais depender de meus pais para viver. E qual não foi minha surpresa quando eles, em certa parte invejosos de minha viagem anterior, decidiram que passariam as festas de fim de ano na Europa! Uma semana e meia em Paris, fazendo compras, vendo os fogos de artifício estourando ao redor da Torre Eiffel, passeando de barco no Sena junto a dúzias de outros casais de turistas, homens e mulheres de meia-idade acreditando serem capazes de capturar paisagens em câmeras e filmadoras, maravilhados com as coisas mais banais! Enquanto eu, sofrendo pelo valor de uma amizade no sentido mais belo e digno do termo, ilhado na própria casa onde me deixariam sozinho, comemorando o Natal sem ninguém ao meu lado!

Era demais para aguentar, então não o fiz; contra meus poderes me vi preso à cama, febril, as cobertas que me enrolavam e os chás que minha mãe me trazia incapazes de aquecer o frio que sentia dentro de mim. Olhava para o teto branco acima e as imagens de turistas usando guias de conversação para pedir a comida assolavam-me, as mulheres maravilhadas com as promoções de fim de ano e os homens carregando os documentos em pochetes! Mandariam postais para toda a família! Dariam gorjetas aos guias das excursões! Comprariam *souvenirs* nos monumentos! E, acima de tudo, em nenhum instante deixariam a cidade das luzes de lado para visitar, nem que por um mísero dia, a terra que gerou um dos ramos de sua própria família! Quando me via um pouco animado, era capaz de olhar meus pais nos olhos e sugerir-lhes conhecer a Bélgica, explicava a beleza de Bruxelas, lá também havia restaurantes turísticos e grandes magazines, mas de nada adiantava e eu logo voltava a meu estado febril. A comida arrastava-se por minha garganta; é desnecessário dizer que minhas médias escolares caíram, o que pelo menos serviu de consolo, pois reprovando em algumas matérias obrigaria meus pais a pagá-las novamente.

À noite eu prolongava minha insônia desejando que algo mágico acontecesse e terminasse com essa viagem tola, algo que não os permitisse fazer o que não lhes cabia; imaginava a empresa de meu pai cancelando suas férias, minha mãe sofrendo algum acidente que a deixasse momentaneamente no hospital, o céu caindo sobre o aeroporto, qualquer coisa que os prendesse assim como eu estava. Delirava; e era tão grande o delírio que nem sequer vergonha causava-me tanto rancor. Meu rosto estava coberto de feridas, de tanto que o cutucava e arranhava. Perdi peso, saúde, alegria; mas disfarçava isso da melhor maneira possível, para não quebrar nossa boa aura familiar.

Arrastei a tristeza até a véspera da viagem como um fardo que me cabia. Não possuía nenhuma esperança – repito, nenhuma – de que algo pudesse mudar. Mas o mundo que tira também oferta. Eis um momento de minha vida que jamais esquecerei: estava eu em minha cama, olhando no guia turístico as cidades que não visitaria, quando, como se um fantasma surgisse à minha frente, ouvi minha mãe dizendo que meu pai não viajaria mais e convidando-me para acompanhá-la! Pensei ser uma brincadeira de mau gosto, apenas a metafórica última pá de cal, mas eis que um primo distante de meu pai havia falecido e, após uma longa conversa com a esposa, decidiu que seria má conduta não participar de seu velório por causa de uma viagem turística a Paris. É isso, pensei! Eis o que precisava acontecer! Um parente que nem eu mesmo conhecia, apresentando seu vínculo familiar quando era mais necessário! E não é tudo: por sorte minha mãe não estava disposta a entregar assim seu *réveillon* aos pés da Torre Eiffel e suas compras nas grandes magazines francesas pela fatalidade de um quase desconhecido, e quem melhor que eu para ajudá-la a carregar as dezenas de sacolas! Fechei meu guia turístico com lágrimas escorrendo pela minha face, sentindo meu corpo aumentar como se a alegria que voltava estivesse preenchendo os ocos de minha alma.

No dia seguinte estava eu no aeroporto, como sempre deveria ter sido. Acredito não ser preciso dizer como foram os dias em Paris – a cidade das luzes etc., mas qualquer um pode ver as fotos na internet ou em um guia turístico como o meu e ficar satisfeito. Enquanto passava horas esperando minha mãe decidir entre duas tonalidades diferentes de vestido e ouvindo-a arrastar um francês detestável nos centros de informações turísticas tentei, quando possível, convencê-la a ir comigo a Bruxelas pelo menos por uma noite. Mas foi tudo em vão. Sua viagem estava bem programada, não haveria como alterar nada nem que fosse para ver a terra onde sua própria mãe havia nascido. Decidi ir sozinho. Passaria o Ano Novo com meu amigo e enfim conheceria a cidade de minha avó, algo inconcluso da primeira viagem.

Deixei minha mãe à sua própria sorte e em poucas horas me vi contente por enfim abraçar novamente meu companheiro. Sendo ele mais alto que eu, pude descansar minha cabeça em seu ombro, sentindo o consolo e refúgio que apenas uma grande amizade pode dar. Familiarizado com o caminho, havia carregado minhas saudades por ônibus, metrôs e ruas, apreensivo, mas feliz. Quando dobrei a última esquina e vi o edifício adiante, senti uma lágrima escapar de meus olhos, aceitando que o frio que carregava por estar distante daquele irmão logo arrefeceria.

Após desabraçarmo-nos, pude olhar o apartamento de meu amigo, sufocado sob a terra, rodeado de desgaste e isolamento. Empurrei para dentro de mim a sensação de desagrado que restara de minha primeira visita, suplantando-a com a alegria do reencontro. O lugar não havia recebido qualquer atenção e o caminho à degradação a que ele estava submetido continuou seu rumo. Eu possuía a convicção de que algo teria mudado, os móveis trocados, o velho papel de parede arrancado; e se não era para ser assim, imediatamente decidi que não manteria uma estância passiva de descontentamento, mas que agiria. Olhei ao redor. Os pertences do inquilino inexistente continuavam mais ou menos como antes, um pouco mais desorganizados e empoeirados. Os papéis de parede estavam descolando, sendo que algumas lâminas já se curvavam sobre si mesmas. A roupa de cama, até onde sei, poderia ser a mesma na qual dormi seis meses antes, sem em momento algum ter sido retirada.

Deixei minha mochila no chão e comecei a recolher o que estava fora do lugar, empilhando em uma mesa, mas dando de ombros, H. disse que eu não deveria me preocupar, empurrando a pilha e fazendo-a cair novamente no chão. Mordi meus lábios, confuso. Considerei a situação por alguns instantes. Decidi que, sendo aquele problema facilmente manejável, poderia deixá-lo para hora mais apropriada. Fui até a janela. Antes havia uma cortina ali, mas ela fora substituída por uma espécie de tecido sem acabamento repleto de pequenos furos cuja função era impedir que quem estivesse fora enxergasse o lado de dentro, embora permitisse quem estivesse dentro ver parcialmente o lado externo. A luz, que já não era suficiente, entrava agora através dos furos sem incidir diretamente nos móveis, mas espalhando-se pelo espaço, sem força ou direção. Tentei abri-la, mas as roldanas não deslizavam pelo suporte de alumínio. Apliquei um pouco de força e consegui fazer um pequeno vão por onde a luz do sol entrou, mas H. reprimiu-me, dizendo sobre a dificuldade que seria fechar novamente a cortina. Explicou-me que, pela própria função dela, não era necessário abri-la. Acompanhei-o com o olhar, vendo-o subir em um banco e recolocando a cortina no lugar.

Temeroso de tocar em qualquer outra coisa, dirigi-me ao banheiro. Ao pisar na cozinha assustei-me – ela estava alagada.

Da torneira da pia escorria água que, acumulando no balcão, transbordava e caía no piso. Havia meio centímetro de água no chão, que continuava até o corredor, o banheiro e a sala de banho, onde uma pequena parte superava os declives para enfim alcançar um ralo por onde escorrer. Foi-me explicado que um encanador já havia sido chamado, mas por estar com a agenda cheia, só poderia atender ao pedido após as festividades. Havia a possibilidade de contatá-lo em caráter de urgência, mas o preço que cobraria então seria demasiado caro e valia mais a pena aguardar alguns dias. Deixando meus julgamentos para depois, observei a torneira na esperança de poder fazer alguma coisa, mas o que estava estragado era a junção do encanamento externo com a parede e seria preciso quebrar vários azulejos para trocar a peça. Percebendo isso, me dirigi ao registro da cozinha, tentei fechar. Apesar de meu esforço não consegui movê-lo – provavelmente pela falta de uso havia enferrujado. Pedi ferramentas, com um alicate talvez pudesse conseguir algo, mas meu amigo nada possuía; tentei improvisar com material de cozinha, mas não obtive sucesso. Andei pela casa procurando pelo registro geral e não encontrei; de acordo com H. havia um para o edifício inteiro, e ele só poderia fechá-lo em caso de reforma e após pedir autorização aos outros moradores. Coloquei sob o balcão um balde para recolher parte da água, o máximo a se fazer; a água deveria continuar vazando por alguns dias.

Sentei-me em minha cama, desejoso de ajudar, mas sem encontrar meu espaço, como se estivesse me arrastando em um túnel mais estreito que meu corpo. Precisei engolir que o apartamento não era meu, e que seu proprietário é quem deveria saber melhor sobre o que fazer ou não. Notando meu desapontamento, H. contou-me que estava decidido a se mudar, indo para outra região de Bruxelas, e já começara a visitar outros imóveis; queria um lugar maior e mais bonito. Tentou desculpar-se dizendo que era essa uma das razões para não preservar aquele apartamento; logo iria deixá-lo, de qualquer maneira. Acima de tudo não queria que eu desperdiçasse tempo preocupando-me com tais detalhes, mas sim me divertindo, assegurou enquanto pousava a mão em meu ombro, sorrindo com sinceridade e beleza, o que me fez lembrar de algo. Fui até minha mochila buscar o que lhe havia comprado como presente de fim de ano. Estava no fundo da mochila; ao segurá-lo senti que o embrulho estava molhado. Passei a mão pelo chão; apesar do vazamento não chegar até ali, a umidade do lugar era tanta que meus dedos estavam molhados. Desembrulhei o presente e entreguei-o assim, esperando que meu amigo não notasse que estava com partes marcadas pela água. Fiquei muito feliz por ele ter gostado, era algo que eu teria comprado para mim mesmo.

Deixamos o apartamento animados. Era o último dia do ano e iríamos passear pela cidade até a virada. No *réveillon*, sempre havia eventos no *Grote Markt* e precisaríamos chegar lá cedo, pois, de acordo com meu guia turístico, o lugar sempre ficava lotado qualquer que fosse a festividade. Mas não havia nada lá que sugerisse algo especial, porém, apenas os turistas usuais. Perguntando a um policial, vimos que apenas no início da noite os preparativos começariam. Caminhamos pelo centro, por ruas que eu ainda não conhecia. Quando passamos por uma barraca que vendia *escargots* tentei formar coragem para comê-los – experimentar estranhas comidas locais é uma oportunidade única oferecida aos viajantes. Mas não consegui. Eram um pouco caros, tentei me desculpar, acabo comprando e não gosto. Por sorte, quando ainda estava no Brasil, havia preparado inúmeros sanduíches, devidamente embrulhados em papel alumínio, que serviriam como substitutos de alguns almoços, isto é, um gasto a menos. Foi uma ótima opção. Confesso que, se pudesse levar minha casa junto nas viagens, faria.

Continuamos nosso caminho sem rumo. Em um bar bebemos cerveja, experimentei alguns *wafers* belgas e comprei novamente chocolates para presentear minha família. Vendo minhas compras, bolei uma tirada que me pareceu ótima: a Bélgica era um país feito para adolescentes, visto que sua maior produção era de gibis, cerveja e chocolate. A resposta pelo meu espirituoso comentário foi um silêncio que durou até o início da noite.

Quando voltamos à *Grote Markt*, as ruas que davam acesso a ela estavam fechadas por barreiras policiais. Foi preciso ser revistado para entrar; não era permitido entrar com garrafas ou mesmo com fogos de artifício. A explicação mais razoável é que os cidadãos não precisariam se preocupar com aquilo e o governo supriria, eu imaginei, um grande festival de luzes e cores no céu de Bruxelas. Eram oito horas da noite. Além da multidão não havia nada que parecesse fora do comum; as luzes dos edifícios estavam apagadas, não havia cartazes ou mesmo um relógio. Passamos as quatro horas em pé, na maior parte do tempo calados. Certamente esse desconforto exigia alguma recompensa, ficava imaginando o que o governo belga havia preparado para alegrar aquele contingente de turistas. Meu amigo voltou a conversar comigo, de início para educar-me que aquilo ao que eu me referia como quadrinho ou gibi deveria ser chamado de *livro*. Argumentei que mesmo em francês chamavam de *bande dessinée*, o que possuía o mesmo sentido de tiras ou quadrinhos, mas apenas recebi repetição da mesma palavra: *livro*. Pois eu havia comprado em uma *livraria*. Não quis argumentar; a meu ver, para um estudante estrangeiro, H. já estava defendendo demais o país.

Aproximando-se o momento da virada, cada pessoa seguia seu próprio relógio. Aconteceu de o ano passar sem ninguém saber exatamente o que estava acontecendo, pois como vim a saber depois, por medidas de segurança não haveria nada. Nem uma corneta havia passado pela barreira policial. Afinal, um dos infinitos terroristas irreais que povoam a cabeça do cidadão ocidental poderia aproveitar o barulho de fogos para encobrir um atentado – talvez explodir a si mesmo no meio daquela multidão. Por ainda estar vivo, pela defesa contra o terrorismo internacional, agradeço aos governantes belgas que, ao invés de quatro horas em pé em meio a uma multidão, estavam em suas mansões jantando, acredito eu, *escargots*.

Adiciono que um objeto passou despercebido pela polícia – uma garrafa de champanhe. O tumultuador mal estourou a rolha e foi logo algemado e levado a um camburão. Além disso, à minha frente, em certo momento, um bêbado sentou-se em uma das estátuas que enfeitavam uma das construções; uma policial exigiu que ele saísse. Ele, estando bêbado, não entendia o que lhe era dito e permaneceu no lugar. Não houve segundo pedido; foi retirado à força e recebeu sua dose de bordoadas; inclusive essa policial dava-lhe, pelas costas, joelhadas entre as pernas, que alcançavam assim os testículos ainda mais rapidamente do que se fossem dados pela frente, cara a cara com a vítima.

Deixamos a praça e tentamos encontrar um bar para comemorarmos. A maioria estava lotado, mas após uma demorada procura, conseguimos uma mesa em um lugar que ficava entre o centro da cidade e a casa de meu amigo. Como havia aprendido um pouco de holandês, decidi ir ao balcão fazer o pedido. Autodidata, restringia meus conhecimentos ao que havia lido nos livros e escutado nas fitas que acompanhavam os livros; não havia até então conversado com ninguém. Sentindo-me expansivo, decidi não economizar e pedi uma *piña colada* ao barman, e qual não foi minha surpresa quando ele me respondeu em português que não sabia fazer a bebida! Confesso que ouvir minha língua natal naquele momento, naquele lugar, atordoou-me como se eu tivesse levado um tapa na nuca. Permaneci atabalhoado, balbuciando palavras sem sentido como se em minha cabeça o português e o holandês tivessem se misturado e, no caos remanescente, eu tentasse encontrar algo compreensível para dizer. Enquanto eu me recobrava, o garçom, muito gentilmente, ofereceu-me uma caipirinha – com humildade disse-me que sabia preparar a bebida excepcionalmente. Falava fluentemente; seu sotaque era quase imperceptível. Acabei concordando e aguardei o preparo da caipirinha, ao mesmo tempo em que algo em mim argumentava ser absurdo que eu, um brasileiro, tendo viajado milhares de quilômetros e gastado tanto dinheiro para chegar a Bruxelas, tenha aceitado essa oferta. Retornei à mesa e, enquanto observava meu amigo beber o conteúdo de seu copo em uma tragada só (dividir o alimento com ele continuava sendo desagradável), culpei-me pela minha limitação no holandês: tão pequena era minha habilidade com a língua que deveria ter sido evidente para o barman que eu era apenas mais um garoto brasileiro. Sim, isso explicaria tudo, aquele homem deve entrar em contato com pessoas dos mais diversos países e facilmente reconheceu a tarja em minha face na qual está escrito, inapagável, a minha origem.

Estando as repartições públicas fechadas durante o primeiro dia do ano, deixei para visitar a região onde minha avó havia nascido no dia seguinte. Era cedo quando deixamos a casa, o vento enrolando-nos em camadas de frio. Voltamos ao centro da cidade, de onde pegamos o único ônibus circular que se dirigia àquela parte da grande metrópole. Meu intuito era visitar a biblioteca local e o cartório distrital, onde esperava encontrar informações sobre o ramo belga da minha família. Sentia-me emocionado, uma espécie de aventureiro moderno, prestes a desvendar um tesouro perdido em um labirinto de papéis.

Ao chegarmos à rua onde os estabelecimentos se encontravam, fiquei em dúvida a respeito do que meu amigo faria durante o tempo em que eu desenvolvia minha pesquisa. Inicialmente considerava a possibilidade de ele entreter-se com livros e revistas na biblioteca, mas a ideia não parecia o agradar. Confesso que estava tão animado com minhas perspectivas que não me vi em momento algum na posição de H., que de fato não possuía interesse algum naquilo e que havia me acompanhado até ali apenas por simpatia. Ficamos alguns instantes em silêncio, esperando que alguma solução surgisse, algo que me permitisse debruçar sobre velhos documentos sem pensar que estava a desperdiçar o tempo de meu amigo. Por sorte ele mesmo foi capaz de solucionar o problema: olhando ao redor pareceu encontrar algo de seu agrado – apontou-me para uma lanchonete à frente e disse que me esperaria lá o tempo que fosse preciso.

Embora carregado de esperança, minhas pesquisas no fim mostraram-se supérfluas – o que descobri poderia ter conseguido mais facilmente enviando e-mails aos responsáveis. O único documento fidedigno que se encontrava no registro distrital era a própria certidão de nascimento de minha avó, de onde fora tirada a cópia que eu possuía. Como seus pais haviam se mudado para lá após o casamento, não havia nada sobre eles, nem sequer informações sobre a casa que possuíam. Na biblioteca, por sua vez, havia obras raras sobre os habitantes daquela região, e embora algumas falassem sobre a época pós-Grande Guerra, quando do nascimento e emigração de minha avó, os dados eram muito gerais para se tirar qualquer conclusão decisiva. Sugeriram que eu visitasse algum dos portos ao norte, de onde saíam no início do século os navios que se dirigiam às Américas; poderia encontrar a lista de passageiros da embarcação que tirou minha antepassada da Europa. De acordo com os atendentes, muitas vezes os consulados levavam em consideração essas espécies de registro para dar a nacionalidade a um estrangeiro. Era algo a se pensar para o futuro, em uma viagem mais longa que me permitisse visitar os possíveis portos de um a um. Deveria me contentar, daquela vez, com o pouco que consegui.

Saindo da biblioteca, consultei meu relógio. Mesmo não tendo conseguido o endereço da casa de meus parentes, pensava em caminhar por aquelas ruas buscando absorver parte do espírito que rondou minha avó durante sua infância; mas havia gasto três horas com minhas pesquisas e julguei mais coerente encontrar-me com H.. Segui apressadamente até a lanchonete. Não o encontrei. Vi-me muito triste, considerando que ele poderia ter voltado para seu apartamento sem mim. Foi necessário certo esforço para enterrar esse mau pressentimento. Sentei-me em frente a uma máquina de caça-níqueis e aguardei-o, certo de que o melhor a fazer era permanecer no lugar combinado. Talvez estivesse em algum outro lugar e logo retornaria, tentei convencer-me; e, fosse eu procurá-lo, poderíamos nos desencontrar.

Brincava com meus dedos, olhava os detalhes na máquina de azar, admirava as luminárias no teto. Nada parecia destinado a acontecer, mas em dado momento escutei um resmungo de alegria vindo de algum ponto qualquer à minha frente e inclinei o corpo para o lado. Para meu espanto percebi que atrás da máquina de caça-níqueis havia outra e que, à frente dela, completamente submergido no jogo, estava meu amigo. Havia ganhado algumas moedas e demonstrava exacerbada excitação. Antes mesmo que eu pudesse explicar sobre minhas pesquisas ou que o estivera esperando ali, à sua frente, sem tê-lo notado, segurou-me nas mãos e disse com autoridade que iríamos ao cassino. Olhei-o atentamente. Uma transformação sutil ocorrera, era como se houvesse adquirido alguma espécie de força espiritual. Seus olhos transmitiam determinação, sua postura estava mais ereta, sua voz mais clara, mesmo a tonalidade de sua pele parecia brilhante. Deixando a lanchonete, segui-o de volta ao ponto de ônibus, esforçando-me em acompanhar seus rápidos passos.

No centro da cidade seguimos à mesma casa de jogos onde, meses antes, ele havia me convidado a entrar e eu recusei. O lugar era grandioso e observei as mesas com curiosidade e divertimento; jamais, dada minha relação com o dinheiro, apostaria um centavo que fosse. Mas era o oposto com H., que se sentou à mesa de vinte e um e permaneceu nela até perder todo o dinheiro que havia trazido consigo. Enquanto colocava e recolhia fichas na mesa, explicava-me o funcionamento do jogo, com quais valores era melhor pedir mais uma carta e com quais não, dava gorjetas aos crupiês, reclamava dos amadores que sentavam ao seu lado e, em certo momento, chegou a duplicar o que possuía. Permaneci às suas costas, braços cruzados, balançando negativamente a cabeça para cada ficha perdida, incapaz de compreender uma atitude daquela. Uma força tão grande guiava seu corpo de tal forma que nem eu nem cem conseguiríamos tirá-lo daquela cadeira.

Não o acompanhei durante todo seu jogo, preferindo olhar de longe as mesas de apostas altas, vendo turistas perderem centenas de euros em questões de minutos, o que me trazia um maligno contentamento. Enquanto admirava uma mesa de pôquer ao lado assustei-me ao sentir uma mão em meu ombro – era H., dizendo ser hora de sair. O brilho que acreditei ver em sua pele horas antes pareceu ter se tornado ocre.

Algumas vezes havia me questionado o que ele fazia com o salário que recebia da universidade como auxiliar de professor. Comecei a perguntar-lhe sobre isso: e soube que o vício era algo que o acompanhava desde seus primeiros dias em Bruxelas. Nunca ganhou uma quantia significativa, embora estivesse certo que ainda viria a ganhar; dizia que havia meses em que metade do seu salário ficava na mesa de jogo. Ele não sentia vergonha propriamente dita ao me contar isso, mantendo uma posição até defensiva, como se o jogo fosse-lhe algo muito querido e valoroso e temesse que eu tentasse arrancá-lo desse prazer. Mas não seria eu que diria o que ele devia ou não fazer com seu dinheiro, embora julgasse mais apropriado usá-lo para sair de seu apartamento e mudar-se para outro melhor.

Voltamos mais uma vez a pé, pois H. já não possuía uma moeda sequer. Mantínhamos as cabeças baixas – ele, por ter perdido seu dinheiro sem alcançar o fúlgido sonho que as cartas prometiam-lhe; eu, pelas informações que poderiam me ajudar a adquirir meu passaporte belga terem novamente escapado de meu alcance. No caminho, atravessamos a chamada zona da luz vermelha, com prostitutas tentando encantar algum dos turistas que por ali passavam. Quando parávamos para admirar algumas das mulheres, éramos logo abordados por vendedores de drogas oferecendo LSD e êxtase. De acordo com eles, seriam poderosos excitantes sexuais que nos fariam, se escolhêssemos qualquer garota ao redor, subir às nuvens de prazer. Essas ofertas, aparentemente tolas, trouxeram alegria enorme ao meu companheiro. Ria tanto que escondia a boca com a mão e virava-se contra a parede, envergonhado de estar demonstrando felicidade, mas incapaz de evitá-la. Não mais abatido pelas recentes perdas no cassino, parava em frente a uma das vitrines, colocava a mão no bolso buscando alguma nota perdida, voltava-se para mim pedindo dinheiro emprestado – e eu precisava recusar, entregar-lhe uma moeda que fosse era algo que jamais faria em uma situação como aquela. Talvez eu mesmo, fosse outro dia, outro momento, não pensaria duas vezes em escolher uma daquelas ilhas de sexo, uma fuga desse usual continente de isolamento, mas apenas passei os olhos pelas garotas antes de continuar meu caminho, cansado demais para desejar mais que uma boa noite de sono, sem nem esperar por H., feliz que estava por estar sendo tentado por coisas que o dinheiro poderia comprar.

Creio que nada substitui a experiência, nem o livro mais descritivo ou a imaginação mais fértil. Ir para Bruxelas, por exemplo, andar pelas ruas e beber naqueles bares; precisava viver até mesmo essas simples experiências para poder contá-las. Por mais que, em palavras, as ruas e construções que vi possam soar iguais a outras ruas e construções que possam ser vistas em outros lugares ou em fotos quaisquer, há algo de místico em cada cidade, em cada lugar, só podendo ser vivido de corpo presente, o que não só adiciona mas também define nosso entendimento do mundo.

Apesar das limitações que minha mãe causou – no fim fiquei apenas três noites com meu amigo, e no restante da viagem apenas esperando do lado de fora das lojas ela fazer suas compras –, considerava minha ida à Bélgica como vantajosa. Não havia gasto um centavo com as passagens, além de ter conseguido algumas informações sobre minha avó, por mais inconclusas que fossem. De volta ao Brasil, uma sensação de incompletude ocasionalmente me fazia questionar a validade de tudo, principalmente quando algum novo caminho que se oferecia à aquisição de meu passaporte europeu se mostrava igualmente sem saída. Mas, na maior parte das vezes, eu sentia que estava lutando, sofrendo e viajando em busca de ser algo maior do que eu havia sido até então – em suma, estava vivendo.

Fora isso, os dois últimos anos de minha graduação foram tão sem acontecimentos quanto possível. Gostaria de poder falar sobre uma bolsa que teria conseguido com um professor, de uma oportunidade de fazer o mestrado na França ou Alemanha, acreditar que passaria tranquilamente pelas provas da OAB e me tornaria um advogado – pelo menos eu era um dos melhores alunos da classe. Mas nem quando recebi o diploma estava claro o significado daquelas letras no papel. Era estagiário de um departamento da prefeitura, começara a guardar dinheiro para comprar meu próprio imóvel, mas o

Direito que eu aprendi e utilizava não parecia ser mais real que cálculos matemáticos.

Assim como eu, H. girava em falso em seu doutorado. De acordo com ele, estava atrasado em todos os projetos e não havia data para completá-lo. De fato, dizia que provavelmente jamais o completaria. Como ainda recebia o salário como ajudante de professor, não largaria o curso, embora temesse que a qualquer momento seria convidado a se retirar. Não pude deixar de sentir-me triste, alguém tão talentoso que não pôde fazer valer seu potencial; ao contrário de mim, que nunca fui mais que um estudante medíocre seguindo a maré.

Não tínhamos certeza se nos veríamos novamente em alguma data próxima, mas não havia espaço para grandes comoções. Não que evitássemos a companhia alheia, pois, por mais que tivéssemos diferenças, pelo menos sustentávamos um ao outro. A verdade é que as preocupações de cada um suplantavam todo o resto. Nenhum de nós sabia o que esperar de si mesmo, que caminho seguir no presente imediato, e os estudos que fazíamos funcionavam mais como um leve empurrão apenas para a vida não parar por completo. Ocasionalmente, ligava para um dos consulados belgas, perguntando sobre alguma mudança nas leis, comentando sobre o que havia descoberto em Bruxelas, mas minha insistência chegou ao ponto de ser repreendida, sendo o número de meu telefone adicionado a uma lista de "indesejáveis". Diariamente lia os jornais e revistas que meus pais assinavam, procurava na internet por concursos, pedia a conhecidos indicações para trabalho. Conforme os meses passavam, a dívida que eu sentia ter para com meus genitores só aumentava; e por mais que demonstrassem paciência e compreensão, aos meus olhos já era tempo de eu estar em meu próprio apartamento, recebendo um salário e fazendo jus aos cinco anos que eles pagaram de meu curso.

Os dias mais esperados por mim eram as sextas-feiras, quando entravam em cartaz os filmes da semana. Alugava filmes, também, tentando escolher aqueles que pudessem interessar aos meus pais. À noite, com eles em casa, convidava-os para assistir comigo, às vezes fazíamos pipoca no micro-ondas. Certa época considerei abrir uma loja de CDs usados, começaria vendendo parte da minha coleção, mas quando uma certa tarde decidi separá-los, não cheguei a dez dos quais fosse capaz de me desfazer. Deixei meu currículo em algumas lojas, mas não fui chamado, nem naquelas em que já havia trabalhado em algum fim de ano anterior. Dos vários concursos que tentei, alcancei nota suficiente para ficar na lista de espera de apenas um, para auxiliar de gerente em um banco no interior do estado. Havia trinta vagas imediatas e eu era o número cinquenta e quatro – passei os primeiros dias após ler o resultado do concurso imaginando a probabilidade de vinte e quatro pessoas desistirem ou recusarem o emprego para que eu fosse chamado. E a lista duraria dois anos, o tempo em que eu poderia ficar sonhando, enquanto fazia outras provas para outros concursos que, com sorte, me colocariam em uma lista de espera mais curta. O mais triste, porém, foi ver meu nome no jornal e nem poder comemorar, não havia nada para comemorar ou dinheiro para gastar em comemorações, apenas um comentário com meus pais durante o jantar e, como retorno, palavras de apoio.

Algumas noites passei insone, fantasiando outro vestibular, outra universidade, talvez o diploma de Direito não fosse o correto, haveria um curso que abriria as portas da sociedade para mim. Cheguei até a pensar em concluir matemática, o que me fez levantar e procurar afoito pelo meu histórico de matérias, otimista com o fato de que com mais dois anos completaria a grade curricular; poderia trabalhar como professor, quatro semestres de matérias avançadas para lecionar para o ensino médio o resto da vida, transcrevendo no quadro-negro matrizes quatro por quatro e equações de segundo grau.

Conversando com conhecidos e ouvindo sobre suas experiências, a ideia de trabalhar no exterior começou a germinar em mim. Considerei algumas propostas para parques de diversões e hotéis de lazer nos Estados Unidos, mas no fim julguei que o melhor caminho seria a Europa. Entraria ilegalmente, o sonho do passaporte belga tão distante quanto estava no primeiro momento em que desejei consegui-lo, e teria a recomendação de um antigo companheiro de escola para trabalhar em um restaurante em Madri. Dividiria o aluguel de um apartamento com ele e outros imigrantes, o salário seria alto (comparando com o que conseguiria no Brasil), havia até mesmo a promessa de, juntando algo em torno de cinco mil euros, conseguir um casamento de aparências e ganhar a nacionalidade espanhola. Enquanto maravilhava-me com essa ideia, dei-me conta do quanto havia me distanciado das ambições passadas, no início uma vida acadêmica, depois tornar-me advogado ou mesmo passar em um concurso qualquer. Viajaria para a Espanha para trabalhar em um restaurante como o quê? Ajudante de cozinheiro? Faxineiro? Garçom? Sei que receberia mil euros por mês e não mais dependeria dos meus pais.

E assim fiz. Passei pela alfândega como turista, como fizera nas outras visitas à Bélgica. Mal deixei o aeroporto, joguei a passagem de volta no lixo, havia comprado a volta para dali a uma semana para ajudar na farsa. Não havia mais como voltar, usei naquela viagem minhas últimas economias, as mesmas que comecei a guardar para a casa própria que jamais teria.

No apartamento de meu conhecido moravam, além de nós dois, dois africanos e um chinês, também ilegais. Um deles possuía um laptop e eu pude manter contanto com H.. Fiquei contente por ter sido escolhido no restaurante como ajudante de cozinha, cortando verduras e descamando peixes. Inicialmente estava decidido que enviaria parte do meu salário para meus pais, algo justo por tudo que me haviam feito, mas o aluguel, mesmo dividido por cinco, não era tão baixo quanto eu esperava.

Não consegui me familiarizar com aquela situação. Era algo duro, um filho da classe média tendo de sujeitar a um emprego que, no Brasil, jamais faria. Havia segurança e beleza em Madri, mas não raízes; eu era um ninguém. Mais um imigrante, sem família, sem amigos, um sotaque que entregava minha condição, no fim apenas um número nas estatísticas. Qualquer dia poderia ser aquele em que a polícia entraria no restaurante e pediria os documentos dos empregados – e eu seria extraditado como criminoso. Pensava nas ruas da minha infância, na escola onde fiz meus primeiros estudos, nos amigos que deixei; não significavam mais nada, pois não havia com quem falar sobre eles, minha história nem por curiosidade serviria a outro imigrante. Buscava entender o que me levara àquilo, a ambição por dinheiro, por ocupação, por matar o tempo livre que nos envergonha pelo pecado que é. Sentava nos bancos das praças e observava os casais espanhóis passeando com seus filhos e sentia-me impelido a dar-lhes o lugar, simplesmente por sentir ser deles aquele banco, aquela praça ao redor, e não meu. Comprava alimento nos mercados mais impessoais, não me divertia, eu era uma sombra no chão, sugando um sistema econômico sem perceber que ele me sugava ainda mais.

Decidi comprar uma passagem para Bruxelas, onde talvez encontrasse algo que dissesse respeito a mim. Enviei uma mensagem para meu amigo e encontrei-me com ele no centro da cidade. Pegamos o metrô até sua casa; com mais vontade que nunca paguei pela minha passagem, pois agora, estando com o visto vencido, temia meu próprio reflexo. Quando saímos da estação fazia um belo dia, mas parecia que eu já andara por aquelas ruas milhares de vezes e não havia nada de novo ali que pudesse me chamar a atenção.

A porta do apartamento foi aberta. O nível de água havia subido naqueles últimos meses; faltava pouco para encobrir toda a escada. Fiquei por alguns instantes imóvel, os olhos fixos na água. Estava suja, tépida. Os móveis permaneciam nos mesmos lugares, o que me trouxe uma sensação de reconhecimento. Meu amigo já havia tirado os calçados e entrado enquanto eu considerava se deveria deixar minha mochila do lado de fora para que não molhasse. Como não havia nada importante dentro dela, joguei-a no lago à frente, fechei a porta atrás de mim e desci os degraus.

H. havia nadado até a cozinha; segui-o. Enquanto boiava ao seu lado percebi que o cano da pia ainda vazava. Encartes de CDs e folhas de livros flutuavam ao nosso redor, mas grande parte dos objetos estava no fundo; por alguma razão tentei encontrar o presente que havia lhe dado, incomodado que ele poderia estragar desta maneira. Não o encontrei. Havia algumas embalagens de biscoito em um armário alto o bastante para não ter sido ainda alcançado pela água; pudemos assim comer algo. O dia já terminava e não demorou para o apartamento começar a ser tomado pela escuridão. Mergulhei para alcançar os interruptores, mas a luz elétrica havia sido cortada. Comecei a sentir-me desconfortável, havia o frio da água, o cheiro que exalava dela, o peso da roupa molhada; tampouco havia sobre o que conversar com H. para que passássemos o tempo. Em minha cabeça várias perguntas surgiam: quando você pensa em se mudar? Como passa o tempo sozinho aqui, não podendo ouvir sequer o rádio? Quando o inverno chegar vai suportá-lo nessas condições? Mas olhava para meu amigo sem conseguir fazê-las.

Nadei de um lado a outro, procurando por algo que me entretivesse. Havia alguns jornais no chão do quarto de H.; mergulhei para buscá-los. Eram um pouco datados e já estavam ilegíveis, mas pude discernir algumas figuras antes de lançar os papéis novamente para o fundo. Em certo momento percebi flutuando ao meu lado um, dois, três dos pertences do inquilino que estava ilegalmente em Bruxelas e que voltou para o Brasil deixando tudo para trás; pensei se ele estaria agora em outra capital europeia, quem sabe mesmo em Madri, escondendo o passaporte com uma mão e segurando sua dignidade com outra.

Escureceu. Apenas uma fraca luz que vinha da rua refletia timidamente na água e nos permitia manter a noção do lugar. Aquele apartamento trouxera-me impressões desagradáveis nas outras vezes em que estive nele; naquela noite compreendi que o problema não era o apartamento em si, mas alguma outra coisa, como se houvesse tão somente um fator que devesse ser consertado. Não era algo específico como a umidade, a sujeira, os móveis antigos, um acúmulo de objetos sem sentido, os papéis de parede que descolavam. Tampouco eram todas essas coisas juntas, mas algo imaterial, uma posição da alma, talvez nada mais que uma percepção de si mesmo, do espírito que trouxe à realidade um lugar como aquele e, por consequência, aceitei que a única forma de terminar com aquilo seria buscando um novo princípio para a vida. Nadei até meu amigo e fiquei a observá-lo nos olhos, bem próximo, a ponto de quase nos tocarmos. Não havia expressão alguma em seu rosto e, no meu, apenas curiosidade, como se buscasse encontrar algo naquela retina, alguma informação que respondesse as minhas dúvidas. Permanecemos assim, eu observando, ele sendo observado, até minha vista perder-se e não haver mais diferença entre olhar para seu rosto ou o meu próprio, para uma parede à frente ou atrás, para a água que nos cercava.

Sentia-me cansado e comentei isso. H. prontificou-se em proporcionar certo conforto para minha estada e disse que buscaria um travesseiro. Ele mergulhou; ainda pude enxergá-lo nadando por entre a água escura antes de perdê-lo de vista. Permaneci no mesmo lugar decidido a esperá-lo, imaginando quanto tempo uma pessoa poderia suportar debaixo da água. Estava atento a qualquer perturbação na superfície; as horas, porém, começaram a cobrar-me e, com o sono me enfraquecendo, eu já era incapaz de continuar flutuando. Percebendo isso, esforcei-me ao máximo para permanecer no mesmo lugar, buscando segurar-me em qualquer coisa que boiasse, mas no fim, comigo adicionando peso, todos os objetos acabavam afundando e sumiam. Olhei ao redor. O apartamento, fracamente iluminado como estava, parecia não ter fim. Perdi-me em pensamentos, um refúgio contra a ação. Pensei na porta de vidro coberta de preto, intransponível, proibida, nadaria até ela, abriria, nunca teria estado trancada. Daria um passo à frente com a água a escorrer de meu corpo para descobrir que não havia jardim algum do outro lado, nenhuma área exclusiva de um morador nunca visto, não haveria nada além de uma porta destrancada que haviam dito que não se podia abrir.

Esgotado pelo cansaço, acabei por perder brevemente os sentidos, mas apenas durante o tempo de afundar e tentar respirar debaixo da água; lancei a cabeça para cima violentamente, buscando o ar que me faltava. Minha garganta ardia. Parecia-me horrível morrer daquele jeito, os pulmões sufocados por água, o corpo dormindo eternamente sob ela, e apenas isso me fez nadar até a saída. Quando dei a primeira braçada percebi como havia perdido a força dos músculos, os ossos pareciam esfregar-se uns nos outros. Sentia-me movendo lentamente, deslizando sobre a superfície, causando pequenas ondas que se perdiam no infinito das paredes ao redor. Alcancei o último degrau e me icei; o ar que entrava pelas frestas da porta parecia encostar em cada uma das gotas que permaneciam sobre mim, congelando-as. Poderia ter aberto essa porta, saído, mas não conseguia evitar ficar encolhido, abraçando meu corpo, lutando contra o frio. A água abaixo me parecia, estando agora do lado de fora, acolhedora. Podia senti-la subindo novamente pelos meus pés, pernas, aquecendo-me.